一百則幸福孤獨的美好提案

# 有人陪很好，一個人也如儈

有川真由美——著　陳令嫻——譯

# 前言

**因為孤獨，所以才能做點有趣的事。**
**因為孤獨，所以寂寞到什麼也不想做。**

你是哪一種人呢？

要是身邊沒有人，就覺得幸福不起來；認為孤獨等同於寂寞——其實都是誤解。反而是接納孤獨，發現「有些事情正是因為孤獨才能完成」，方能擺脫身邊必須有人陪伴的偏見，讓工作與人際關係都變得更好。

當生活的基本從「必須有人陪伴」轉為「能享受獨處」，便能解放心靈，**全心全意追求自己想做的事、喜歡的事**。不再受到時間與地點的拘束，快樂與幸福感也會倍增。

秉持著好奇心去挑戰、遊戲、學習、結識新朋友等，這些都由自己決定，主動行動。

獨自露營、獨自喝酒、獨自旅行、獨自去卡拉ＯＫ唱歌、獨自追星……我覺得現在越來越多人享受「獨自活動」（一個人行動），這代表現代人的心靈越來越疲於「與他人共處」。

以獨自露營為例，可以依照自己的節奏，全心投入想做的事，並且不需要在意他人的行動。在放鬆的狀態之下打開五感，享受當下，譬如仰望星空發呆與聆聽鳥鳴等等。

孤獨的本質是自由地感受外在，恢復生存的動力，重新感受興奮、有趣與沉醉。

**不習慣孤獨的人可能一開始會覺得寂寞，但不久後就能適應了。**當單獨決定與行動的時間越來越多，學會以正面的角度去看待「沉浸在孤獨中也是好事」、「孤獨時也有很多樂趣」，自然每一天都能活得越來越快樂。

孤獨絕對不是寂寞不幸。

反而是，**懂得享受孤獨的人，往往看起來帥氣美麗，生活幸福，受到眾人支援，活得閃耀發亮。**

本書中的「活在孤獨中的人」不是把自己關在殼裡，而是以自己的心情為標準，在接觸人群的同時享受人生。

這種人懂得「我是我，別人是別人」，以自己的心情為優先，也懂得尊重他人。不論是單身的人，或是擁有溫柔的家人、伴侶、朋友或同事的人，倘若生活以「孤獨」為前提，想必更能實際感受與人相處的喜悅和幸運。

**無論是何種立場，最好都要學會「如何一個人活得幸福」**。如果學不會獨處，就容易對虛幻的事物抱持期待，之後陷入更深的孤獨，進而形成惡性循環。懂得孤獨的人內心成熟，能夠進一步愛護自己與周遭。

本書梳理說明「幸福的孤獨」，希望大家能藉由本書，明白其實「自己就能找到幸福」。這世上最會為自己著想的人只有自己。請為自己追求最大的幸福，而不是他人。

有川真由美

# 目錄

Chapter

—2—

## 享受孤獨的人如何面對自己的情緒

## *Chapter* —3—

## 孤獨才是自由幸福的生活方式

*Chapter*

## —4— 享受孤獨的課程

*Chapter*

—5—

## 享受孤獨的人與無法承受孤獨的人

Chapter
—6—

# 懂得享受孤獨的人際關係與無法承受孤獨的人際關係

# CHAPTER 1

# 一直受到孤獨的情感支配是自己吃虧

「孤單」「罪惡感」都是「想太多」。

# 01

# 認為「孤獨是壞事」其實是吃大虧

——不能失去自由與自信。

執筆本書前，我做了些採訪。我發現，無論年齡、性別，已婚與否和是否有交往的對象，我都聽到這樣的聲音：「我想要一個人生活，但卻又感到有罪惡感。」

「我喜歡一個人生活，但想到自己一直以來都是一個人，不僅感到不安，也覺得很對不起父母。」

「我害怕外界的眼光，很擔心一個人住或是一個人去吃飯會被當作是孤單又寂寞的人。」

「明明有家庭，卻重視自己的時間與生活方式，這讓我很有罪惡感。」

「無法附和同事的談話與行動，結果被孤立。」

這些情緒都是源自「孤獨＝壞事」、「和別人一起＝好事」的嚴重誤解。也因為大家對於「孤獨」，抱持著「寂寞」、「可憐」、「悲慘」、「任性」與「奇怪」等負面印象吧！

但「孤獨（獨自一人）」這個詞並不具有正面或負面的意義。

草率認定「孤獨不好」的人，其實是吃大虧。他們受到「一定得跟別人在一起」的觀念束縛，讓自己受苦。

例如有人認為在職場獨自用餐是「悲慘又丟臉」，因此非常在意周遭的眼光。致使只得配合同事去不想去的餐廳，或是偷偷躲起來用餐，搞得自己身心俱疲。

然而最悲慘的莫過於迷失自我，不知道「自己究竟想做什麼」，甚至受到「孤獨的自己是做人失敗」的詛咒而喪失自信。

**如果能稍微停下腳步想想，「一個人究竟哪裡不好？」從這個角度開始思考，便能擺脫詛咒，在自己喜歡的地點品嘗享受喜歡的美食——一旦身心、選擇自己想去的時間地點的決策權都能重獲自由，樂趣與幸福也隨之放大。**

社會似乎普遍存在著一股對孤獨的負面誤解。第一章會先說明「幸福的孤獨」是怎麼一回事——希望大家都能擁有。

# 02

## 認為「一個人很寂寞」是偏見

——獨自行動反而更輕鬆。

我們總是以為「一個人很寂寞」。但其實物理上的「孤獨」（獨處）與情感上的「孤獨」（寂寞）是兩碼子事。有些人覺得「獨處簡直痛苦得要死掉」，也有人覺得「獨處反而輕鬆」。

認為「一個人很寂寞」不過是一種偏見。

很多時候，反而是身邊有人時卻更容易感到寂寞。

人際關係中總是多少隱含對他人的期待。例如「希望跟對方建立交情，他卻不肯這麼做」、「對方不肯聽我說話」、「對方不懂我」、「對方不幫我」等，當這些念想無法實現時，心中自然湧現寂寞。

但是，「以為對方願意跟我當朋友」、「以為對方會懂我」的這些『以為』，其實都是自以為是——單方面期待對方，最終不過只會落得自己失望。

學會放下期待，面對「人際關係不過如此罷了」的現實，心情瞬間海闊天空。而若總是執著於對方應該實現自己的期盼，不願擺脫寂寞的情緒，最終只會自己吃大虧。

我在二十多歲時也總是感到寂寞。因為「公司不肯定我」、「戀人不跟我聯絡」，陷入經常態度煩躁、人際關係碰壁的惡性循環。為了填補空虛的心靈，也曾暴飲暴食和隨意揮霍。

寂寞就像心靈感冒了。稍微休息一下，撫慰心靈便能康復。要是病情加重，則會引發煩躁不安，憤怒、怨恨、自卑與自我厭惡等情緒產生，變得更加嚴重。**我們身心受創不是因為孤獨，而是自以為「孤獨等於寂寞」所致。**

所以讓我們學會放下執著，擺脫寂寞，不要再傷害自己了。
既然這些都是從自己心靈產生出來的情緒，當然也能自行整理吸收。

# 03

# 孤獨最棒了！享受快樂人生吧！

——孤獨遭到否定會變身為魔鬼，獲得肯定反而是強大的夥伴。

二十多歲時，我常常陷入孤獨。原因或許出自內心隱含「必須跟其他人齊頭並進」、「必須服從公司規定」、「必須結婚成家」、「必須獲得社會肯定」等偏見，以及覺得自己沒有走在人生正軌上，淪為邊緣人與失敗者的感覺。

由於靠著他人的評價與比較來決定自己的人生價值，心情總是受到周遭的反應左右，無法接納自己做不到自我期許。

結果我在三十多歲時失戀，離開了原本以為會工作到退休的公司。當我真的變成一個人的時候，反而湧起了不可思議的想法：

「孤獨很棒啊！接下來的人生是我獨自一人的旅行，無論他人怎麼說，我都要自己決定怎麼生活，享受隨心所欲的旅程。」

而當我第一次發現「有些事情正因為孤獨才做得到」，眼界瞬間開闊了起來。因為我終於能夠自行決定、自行行動，著手挑戰自我，更能懷抱好奇心去學習，去接觸不同的環境，進入形形色色的人群之中。

接納孤獨的那一刻開始，原本陷入過度用力、認為自己「非得不可」而使工作與人際關係空轉的狀態都因而好轉。

畢竟所有人都是一個人來到人世，最後也是以一個人的樣態離開人間——人生原本就是一場「一個人的旅行」。

**以負面心態看待孤獨、厭惡孤獨，孤獨自然會化身為魔鬼來攻擊。**

**如果能夠轉換心態，肯定「孤獨也不是件壞事」，孤獨便能成為最強力的夥伴，支持我們。**不習慣孤獨的人一開始可能還是會感到寂寞，出現一些拒絕的反應，但是過一陣子就會習慣了。

當慢慢學會正面看待孤獨之後，就會發現「沉浸在孤獨之中也不見得是壞事」，甚至覺得孤獨時的樂趣比天上的星星還多、孤獨所帶來的收穫原來如此豐碩，日子也會變得開心起來。

當你體會到「獨處有獨處的好，和他人在一起有和他人在一起的好；每一種生活都有各自的優點」時，不安與恐懼都會自動消失，隨時每個當下聆聽內心的聲音，選擇自己真正的期盼。

# 04

# 懂得如何獨處的人帥氣又幸福

## ——享受孤獨的人期待的對象不是他人，而是自己。

我有位八十多歲的朋友，一個人住在山裡的房子，附近沒有鄰居。大家常常擔心她會不會很寂寞？

儘管她告訴大家：「我得種田、做家事，還要畫喜歡的畫等等，每天日子都很充實，沒有空覺得寂寞。」大家似乎以為她在逞強。對於認為「獨處等於寂寞」的人，大概沒辦法了解這位女性朋友的處境吧！

「雖然這裡沒什麼人來，但我每天都會遇到小鳥和動物。光是感受這四季遞嬗、風聲、水聲與溫暖的陽光等大自然的恩惠，我就已經很滿足了。」

她之所以能夠有這樣的體驗，也是因為她擅長活用手邊的事物，從中發現喜悅與幸福。而倘若遇上麻煩時，她也善於請人幫忙，排除生活中遇到的問題和障礙。看到她全心享受獨處的自立模樣，我打從心底覺得她真是帥氣。

反而言之，無法習慣孤獨的人受限於「一定得和他人在一起」的偏見，把期待放在他人身上，回回強求不切實際的願望，暗地埋怨「沒人願意幫我」、「大家都好冷漠」、「明明為我做就好了」等等。唉呀——不自行解決，總是期盼他人，自然會感到不滿或寂寞啊。

生日或是聖誕節等節日會因為一個人而感到寂寞，其實也是因為受制於「節目得和他人一起度過」的偏見所左右，期待有人和自己一起過節。

然而，**覺得自己孤獨、悲慘，根本是沒有意義的情緒**。

懂得享受孤獨的人具備豐沛的想像力，把期待都放在自己身上，因此會把生日當作和自己對話的日子，甚至一個人來場小奢華的旅行！或者根本也不需要做什麼特別的事來慶祝。他們充滿自信，總是能過得幸福快樂。

我希望現在覺得寂寞的人先確認自己是否已經擁有了什麼，當下就能做到些什麼。

# 05

# 「覺得一個人很丟臉」這種想法很幼稚

——受到他人目光左右，失去自我。

青春期時，「落單」是件很可怕的事。

因為害怕「落單」，從上下學、換教室，到上廁所都成群結隊；害怕遭到排擠，所以跟著大家追逐同一個偶像。我甚至聽過有位女同學因為害怕畢業旅行分組時會落單、自己一個人一組，於是選擇當天請假。

我原本社會課想選地理科，卻因為「不想課堂上只有自己一個人是女生」、「想跟特定同學一起上課」等理由而選擇了日本史，之後懊悔不已。

現在回想起來，與其說是害怕「落單」，不如說是害怕被貼上「沒有朋友的可憐人」這種標籤。

覺得丟臉是意識到「周遭的人怎麼看待自己」的情緒所衍生的。因此，「覺得獨自一人很羞恥」換句話說，不過是「自我意識過剩」。

要是明白「其實根本沒人在意自己」，就會知道即使獨自外出也不會有什麼不好意思。

很多人長大之後還是無法自行行動，例如覺得一個人吃午餐好丟臉、一個人去看電影好丟臉。這種人說是幼稚也真是幼稚。比起「自己想做什麼」卻更在意周遭的人「如何看待自己」，所以總是無法著手想做的事，必須依賴他人。

**獨自一個人代表精神上的獨立，根本不需要覺得羞恥**。

現在流行起獨自吃午餐、獨自看電影、獨自唱卡拉OK、獨自去聽演唱會、獨自去露營……大多數人已經接納許多活動並不需要成群結隊才能前往，所以根本不需要為了「獨自一個人」而感到羞恥。

嘗試一次過後就不會覺得害羞，反而會逐漸習慣「上班時至少午餐要保留獨處的時間」、「這部電影想一個人用心觀賞」。

真正的成年人，是聽從自己內心的聲音來行動。

# 06

## 「獨自一人很可憐」不過是社會的偏見

——「何者幸福？」是沒有意義的疑問。

大型郵輪過去的主要客層是家庭與情侶，據說最近開始提供獨旅客人的單人房與服務。船上備有獨旅客人的樓層和交誼廳，一個人也能輕鬆享受郵輪之旅。

「獨身」逐漸成為全世界的主流，可是到現在卻還是很多人認為「單身一人很可憐」。

電視節目與廣告總是散播著「幸福是基於和他人建立關係」的氣氛……但是，真的是獨自一人很可憐、單身一人就無法獲得幸福嗎？

越來越多人能獨自生活，這意味著這個社會更為和平、社會機能更為完善，不需要依靠家人或是當地社群。這難道不是件很幸福的事嗎？

「何者幸福？」本身就是沒有意義的提問。能和他人建立關係固然幸福，一個人過日子也很幸福。反之，兩個人有兩個人的痛苦，一個人也有一個人的辛苦。

每個人只要在自己的生活之中找到屬於自己的幸福就好。但是**無論是身處何種境況，最好都要學會如何「獨自一人也能過得幸福」**。這句話不是要勸大家想辦法賺大錢，而是要懂得享受「獨自玩耍」的樂趣。

如同兒童沉迷於獨自玩沙或畫畫，找到自己喜歡的事情並且享受其中，一個人也能感受到雀躍欣喜，這才是真正的「幸福的孤獨」。工作與學習也應如此，發現自己的目標，進行挑戰與冒險「獨自玩耍」。

蓮如上人*曾說：「和其他信徒在一起時，裝出喜樂的模樣，是在乎外界評判。單獨一人時才能看到真正的信仰心態。」（出自《蓮如上人御一代記聞書》

在他人面前擺出喜樂的模樣是出自虛榮心與渴望他人肯定，希望「大家覺得自己很幸福」。然而，無須任何稱讚也能自己感到幸福的人，才是獲得真正的幸福。

聰明的人，即便落單也能感受到幸福快樂。

---

*編按：日本室町時代淨土真宗僧人。

# 07

# 「想要獨處」並不是任性的想法

## ——想和他人共處也必須保有自我的時間。

「儘管同事與朋友說我很難約，但我就是喜歡獨處的時間。」

「儘管父母逼我結婚，我還是想繼續單身。」

「儘管有家庭，有時候還是想一個人出去晃晃。」

隨著時代變化，「想要獨處」的聲音日益增加。

然而，多數想要獨處的人卻也同時抱持著罪惡感：「只想要一個人獨處是不是我太任性？」、「是不是我太自私？」

我要說絕對沒有這回事。「想要獨處」的慾望源自人類的本能，這點理所當然更是人類重視自我的表現。

我要再次強調，人類基本上是孤獨的——每個人都有獨特的人格、想法與生活方式。無論是身為社會人的自己、身為子女的自己、身為伴侶或家長的自己，大家忙碌於扮演各方面角色的同時，也不想忘記「身為個人的自己」，才會想要「獨處」吧！

在遭受同儕與他人炫耀、攀比的壓力之下，即使什麼都不做也會感到疲憊。因此，想要躲進一個人的世界也是理所當然。為了因應人際關係，自然需要獨處的時間。

**人心在孤獨中會變得自由。藝術家與小說家之所以能產出創作，往往也是因為身處孤獨**。無論是迷失自我，重新尋找生活方式，還是再次振作精神，這些都需要獨處。恢復為「個人」的自我，不受任何人左右，才能重新獲得生命的力量。

不過，人類既有「獨處」的欲求，亦有「想和他人在一起」的冀求。

藉由與他人交流，期盼獲得點什麼。譬如新冠疫情期間，居家辦公雖然感到無拘無束，但也有不少人渴望能與他人見面。

我們的心靈正是在「想獨處」與「想和他人共處」之間擺盪，時而放鬆、時而緊繃，藉此保持平衡。

# 08

# 即便無法融入周遭，也要笑著度過

——以「和別人不合是理所當然」為前提，自然放下心中一顆大石頭。

有些人非常擔心無法融入職場，害怕只有自己，變成邊緣人。「大家好像瞧不起我。我跟大家聊不起來，沒人邀我去聚餐，我表達的意見也沒人回應。儘管明白公司不過是工作賺錢的地方，看到其他同事開心閒聊，卻還是不安又寂寞。」

我也曾經經歷過這種不安，非常了解這種心情。當時我非常緊張：「是不是我給人留下了什麼壞印象？」、「還是是大家對我刻薄？」

看到八面玲瓏的同事總是面帶職業笑容，順利融入周遭，內心默默怨恨起對方，也對自己無法和其他同事建立交情而自卑，感覺遭到排擠而意氣消沉。

然而，**無法融入周遭的「孤獨感」及「疏離感」，並不是那麼嚴重的事。只要笑著不當一回事，抱持「那樣怎樣？」的心態即可。**退後一步，笑看這一切，就會發現這些問題根本不值得焦慮慌張。

大家之所以煩惱，在於忘記了「每個人都不一樣」。無法融入周遭、和他人摩擦起爭執，這些都是理所當然會發生的事。

或許是受到童年時代的教育影響，覺得要與人意氣相投才好。但是事實上，每一個人都有各自的性格、背景與價值觀。乍看之下融入周遭的人，或許只是裝出融入的樣子，其實苦於無法表現自己或是在其他地方感到自卑呢。

凡是成年人，為了保持自我，多少得忍受孤獨。即便無法融入周遭，但若能保持心平氣和，面對他人的不同之處也能多一分寬容。甚至也許會在某個偶然機會中與不熟識的對方成為好友，互相肯定。

把「每個人都不一樣」當作前提，生活起來自然輕鬆，也不再嚴以待人。

# 09

## 「沒有家庭和子女的人很可憐」是騙人的說法

——會成長的人無論在何種情況都會成長，會幸福的人無論在何種環境都會幸福。

直到現在，還是有人主張：「沒結婚的傢伙就是黃毛小兒，無法獨當一面」、「沒有孩子的人心理幼稚，不夠成熟」。

這些人應該是很自豪：子女比我自己還重要，我守護他們，配合他們成長克服各種問題，自己隨之一路成長。

結婚生子的確是美好的經驗，但是絲毫不體諒他人，跑來炫耀擺顯，把自己的價值觀強壓在他人身上，這樣的人算是成熟的大人嗎？

有些人儘管養過小孩，仍舊不曾培養出身而為人的基本，例如感恩之心、溫柔體貼與責任感等等。單憑結婚、育兒等經驗與屬性，實在無法決定一個人的真正價值。

這個時代明明宣揚多元社會，對於身心殘障與性少數等族群的包容持續進步，奇怪的是，對於「單身」的偏見與歧視卻還是根深蒂固。不少人恥於「反正我就是一個人……」

我認識好幾個沒有孩子也充滿慈愛與知性、值得尊敬的人。更有些人是因為工作、父母長照或是個人健康因素，不得不放棄擁有婚姻或家庭的機會。

**問題不在於一個人！而是在意自己是一個人，以致無法活得悠然自在。同樣就笑著不當一回事，抱持「那樣怎樣？」的心態便能解決。**

無論身處何種境地、無論經歷過什麼，如何面對與因應眼前的情況，以及如何行動，才是成長與人性力量的累積。

另外，那種傳言「沒家庭很可憐」、「老了以後會很寂寞」，其實是謊言。有家庭是一種幸福，但有些時候不就正因為有家庭才發生糾紛嗎？再說，現在也不是養兒防老的時代了。

另一方面，有些幸福、辛勞與寂寞也是只有單身才會遇上。

人世間沒有完美的樂園，任何立場都有其酸甜苦辣。因為立場不同而否定他人，只會造成社會分裂。抱持謙虛的心態，尊重體貼他人，總有一天這份善意會回到自己身上。

# 10

## 此刻，沒有朋友也不打緊

——了解「人基本上都是孤獨的」自然能從沒有朋友的孤獨感中解放。

似乎很多人認為沒有朋友就是「缺乏身而為人的魅力」。我從小也被灌輸：「朋友多是好事，沒朋友很可憐。」相信應該有些人看到對方受人歡迎、眾人環繞，而心生羨慕，覺得自己沒有稱得上朋友的夥伴，感覺到自卑……

現代人由於社群媒體普及，容易可視化朋友的數量，例如追蹤我的人只有○○個、我的貼文都沒人幫我按讚等，我想應該因此增加了不少想與他人建立關係而發生的「不幸的孤獨」吧。

大家害怕沒有朋友不是因為沒有朋友會帶給生活麻煩，而是朋友象徵了身而為人的自我價值。

不過，一個人也有一個人活下去的辦法。有朋友這件事情並不是人生的「必辦事項」。

**擁有朋友是一種快樂，有人陪會感到心安；然而即使沒有，也能自在的生活。當沒有朋友時，也是深入學習與沉醉於興趣的好時機。**

有些人甚至認為「如果只是表面上的朋友，不如不要交」、「交到不合的朋友還不如一個人比較輕鬆」，因此不再使用社群媒體，或是拒絕沒有意義的人際關係。

老實說，朋友越多，應酬越多。例如在社群媒體上發文，或是參加大家都會出席的活動等等，這些都會耗費你大量的時間與精力。再說，配合著那些既淺而廣的人際關係，往往讓人精疲力竭，可能反而忽略了真正應該重視的對象與課題。

以我自己為例，當我擺脫了「人一定要有朋友」的偏見後，反而出現了能夠深交的友人。我也不再需要勉強自己去配合他人，進而擺脫人際關係所引發的「不幸的孤獨」，很自然地留下了「只想認識的朋友」。這是對孤獨做好心理準備的人才能獲得的禮物。

# 11

# 大方遠離討厭的人吧！

——勉強自己與對方往來，也不會建立起良好的人際關係。

相信不少人都有過類似經驗：「偶然遇上以前交情好的同學或同事，結果發現現在根本聊不來。對方一直在炫耀，或是強迫大家接受他的價值觀，聽了心裡很煩悶。」儘管對方很討人厭卻還是繼續見面，在於內心覺得「得跟老朋友（老同事）維持好交情」，要是疏遠對方或是切斷聯繫，總是有罪惡感或是感到寂寞。

但是勉強自己和對方往來，累積越來越多煩躁苦悶的情緒，到最後可能會忍不住在表情或言談中流露出來。最後不過是落得在心裡偷偷討厭對方，甚至彼此傷害。

覺得「討厭」或「不知道該如何應對」，表示你們雙方的距離太近。

誰都有討厭的對象。要是能拉開距離到不覺得討厭的地步，自然就不會產生厭惡的情緒。

如果是原本每個月見一次，不妨拉到一年見一次。如此一來或許會想起「那個人也有不錯的地方，還是聯絡看看吧！」要是就此忘卻，代表彼此不過是這點程度的關係。面對討人厭的主管與客戶等職場關係，也**不需要勉強自己和對方特地建立交情，保持一定的心靈距離，維持基本的禮貌即可**，例如聊天時只談無關痛癢的話題、拒絕沒興趣的邀約等等。

倘若能掌握正確的距離關係，和任何人都能建立良好的人際關係。

比較麻煩的是親子與情侶等即便扭曲也難以離開的關係。儘管互相傷害至深，仍舊會因為「我們是親子」、「因為喜歡你」而無法擺脫執著，導致愛化為恨，關係日益惡劣。

人際關係如同「刺蝟困境」，太近會傷害彼此，太遠又會感到寂寞。

成年人的關係不是親密就好，而是找出當下最適合的距離。

因此我們需要的是接受孤獨，以及有時選擇「離開的勇氣」。

# 12

# 老是看人臉色，活不出自己的人生

——想要保護自己，反而是傷害自己。

察言觀色，配合場面，是求得安穩生活的手段之一。保護自己很重要，有時這些體貼與禮數也能為自己加分。然而如果過度迎合他人，可能反而會犯下無可挽回的大錯。

過去我還是上班族時，對於職場的氣氛也會過度反應。譬如，明明沒有人這麼說、這麼要求，卻總是會刻意配合周遭的情況，像是「不能比前輩先下班」、「不能多嘴」、「不能強出頭、引人注目」等。

而當察言觀色養成習慣後，竟不知不覺累積了許多起因於人際關係的壓力，漸漸變得討厭上班。

經常壓抑自己的結果——別說是爭取權利了，連自己有什麼意見都不知道。因為對於他人的期待過於敏感，反而忘了自己內心的渴望。

原本配合他人是為了保護自己，長期下來卻是忘了該面對自己，不知不覺破壞身心健康……

此外，過於迎合的另一個悲慘結果則是「無法看清本質」。例如明明是「想提供客戶良好服務」，卻因為害怕其他同事抗議「不要增加我們的工作量」，而怯於提案執行——為了能繼續待在公司，而以公司的人際關係為優先，最終迷失了方向。

越是認真優秀的人才，越是容易陷入「同儕壓力」的陷阱，無法發揮實力，達成目標。能力強大的你，不妨模仿日劇《派遣女醫X》的主角大門未知子，以貫徹自我，展現成績為目標，無畏無懼勇於做自己。但是我真正推薦的做法是以「御宅族」的生活方式為目標——**抱持「別人**

**是別人，我是我」的心態，即便結果不如預期。仍舊徹底追求自己的「嗜好」。**

無論是工作還是興趣，追求自己「喜好」的過程正是「幸福的孤獨」。即使不預期可以獲得他人認同，這種人最後還是會成為眾人尊敬的對象。

# 13

## 以為只有自己一個人孤單，就容易發脾氣

——不是「只有我一個人孤獨」，而是「所有人都孤獨」。

我遇過一位女子向我表示：「到了週末，大家都和家人或伴侶在一起，看起來幸福洋溢，只有我一個人孤零零的好寂寞。」所以每每到了假日，她都不想出門，總是躲在家裡無所事事。要是遇上了討厭的事，更會意志消沉好幾天，甚至還不經意的掉下淚來。

總是懷抱著「只有我孤單一人」的心情雖然不會在心底留下明顯的傷口，卻會日日夜夜逐漸腐蝕心靈……寂寞的情緒累積久了，哪一天或許就會造成劇烈的衝擊。

然而，擁有家庭並不完全代表人生再也不會感到寂寞。

有位女子辭去工作，專心照顧孩子，丈夫卻總是加班到深夜。她雖然很不高興丈夫「總是逃避養育孩子」、「晚回家也不會聯絡一聲」、「很少和我對話」，卻總是一個人默默忍受，不想起爭執。

週末明明約好要出門玩，丈夫卻以疲倦為藉口不願意出門。妻子此時勃然大怒，一邊哭泣，一邊宣洩不滿：「反正你一點也不在乎我！」、「我可不是為了過這種生活辭掉工作的！」哭鬧了好幾個小時。

丈夫也覺得很委屈，於是惱羞成怒：「你根本不懂我在工作上吃的苦頭！」結果兩個人陷入冷戰，形成「同在一個屋簷下卻精神分居」的狀態。

**以為「只有我孤單一人」的心靈會因為脆弱而變得易怒，甚至會「自我引爆」。**

無論是容易暴躁、行為舉止造成他人困擾的「暴走老人」，還是態度高傲強硬，強迫他人承受抱怨的「奧客」，或許都是源自渴望他人肯定自己的孤獨心情。常見的例子譬如：和家人同住，卻沒什麼對話的機會；退休後失去與社會的接點，感覺自己變成邊緣人。

**其實啊，不是「只有你一個人孤獨」，而是「所有人都孤獨」**。若是無法退一步了解「別人也很辛苦」，孤獨的傷口只會越來越深。

# 14

# 無論身處何處，都可能會感到孤獨

——在人際關係狹隘的地方遭到孤立更可怕，甚至會影響生活。

有時候會聽到一些人談論著「身處鬧市的孤獨」。譬如「大都市的居民都很冷漠」、「街道人來人往人很多，卻還是很孤單」；不知道隔壁鄰居是誰，一起搭電梯也不會打招呼；想跟小孩或長者搭話卻很難開口；邂逅不過是膚淺的關係，難以深入交往；氣氛導致大家難以和他人進一步往來……應該不少人因此感到戒慎恐懼吧！

五十多年前，有一首歌叫《東京沙漠》，歌詞大意是「都市人際關係淡薄，眾人冷漠，在如此都市一隅，一對男女相互依靠生存……」，看來，無論是過去還是現代，身處於人口眾多的環境，越容易讓人陷入孤獨。

俗話說「鄉下比較有人情味」。在人口較少的鄉村，大家互相幫助、互相看顧，社會自然而然發展出重視和諧的溝通文化，也容易產生「應該不會有壞人」的安全感。

雖說如此，身在鄉下，有時比在城市生活更為孤寂呢。由於鄉下的人際關係緊密，容易受人比較與批判。在狹窄的社交圈中，有權力的人或是多數派擁有發言權，當意見或是價值觀與多數派相左時，不禁會產生「沒人懂我」的強烈寂寞心情。

我曾經住在瀕臨消失的偏鄉。多虧周遭鄰居幫助，方能生存。但是內心一直隱約擔心：「要是被村民討厭排擠，我應該就住不下去了。」其實那些從都市搬去鄉下最後卻無法留下來的人，往往就是因為無法融入當地的社交圈而離開。

換句話說，無論身在何處，都有感到寂寞的時候。**做好「人原本就是**

**孤獨的生物」的心理準備，到哪裡都能生活**，甚至在孤獨的當下也能建立起人際關係。

如此說來，不想被人干涉，堅持自我的人，在生活便利、充滿刺激的都市應該活得比較輕鬆吧？生活在鄉下地方往往必須和他人互助合作——即便是孤獨的人也有適合自己扮演的角色。

享受孤獨的人不會感嘆「大家都好冷漠」、也不會「不想被干涉」，而是秉持正面心態接受當下，享受人際關係。

# 15

# 社群媒體導致眾人更為孤獨

## ——肉眼難以確認的淺薄關係也會產生期待與失望。

相信不少人在莫名寂寞，想與他人交流時，會利用社群媒體來填補空虛的內心。

社群媒體的確十分方便，無論何時何地都能與他人連結。用得順的話，應該會得到相當的好處，例如「向大家坦承煩惱後，受到大家幫忙」、「認識想認識的人」、「獲得必要的資訊」等等。

但是如果沒有具體目的，只是因為「有人反應」便惰性的使用社群媒體，恐怕反而更加容易感到寂寞。

所有人都有「渴望認同」的欲求，又擔心自己在社群媒體上遭到孤立。缺乏自信，在現實生活中人際關係遭遇挫折，意氣消沉的人溝通時容易過度用力，強烈期盼能和了解自己的人建立關係。

倘若醒著的時候手機片刻不離身，時時查看社群媒體，情緒受到他人的回應與留言左右，影響工作與日常生活，這代表可能罹患了「社群媒體成癮症」——在意上傳的照片獲得幾個讚，或是發現上傳內容沒有獲得預期的反應，可能因此感到寂寞不安，甚至更積極上傳。

但是社群媒體難以肉眼確認，變化多端。大家不過是擅自期待又擅自失望。過於信任社群媒體會腐蝕心靈，消耗大量時間。

社群媒體同時也是安撫情緒的工具，例如消除寂寞，感受人情味等等。**正因為如此，心靈空虛時更容易上癮。建議使用時秉持「畢竟還是不了解對方真正的心意」的心態，比較安全。**

現實的孤獨基本上應該在現實生活中解決。使用與人建立關係的「工具」時，得謹慎留意目的與注意事項，否則心靈可能會因此受到創傷。

# 16

# 購買不需要的物品無法將寂寞轉化為喜悅

## ——趕快察覺購物無法彌補空虛的心靈吧！

大家聽過「寂寞的人容易發胖」這個說法嗎？

覺得「沒有人懂我」、「只有我遭到孤立」、戀人和家人不理睬等寂寞的人，容易藉由進食快速轉換心情，或是暴飲暴食而自暴自棄。點心與垃圾食物等刺激的滋味更是容易促使腦部失控，讓人上癮。

「寂寞」這種情緒也有可能引發酒精、購物、賭博或是戀愛成癮。購物可能會導致亢奮，暫時忘卻討厭的事物，於是忍不住重複相同行為。而沉迷於賭博與戀愛之中也可能是為了逃避寂寞這種「不快」的情緒，而非求得「快樂」。

又有一說，「成癮是孤獨所導致的疾病」。被孤立時必須壓抑自己或是自行承擔問題等人際關係淡薄的人，越是能感受到成癮所帶來的安全感與快樂，之後更是難以戒除癮頭。

但是事實上亂買東西和賭博都無法帶來真正的快樂，反而會讓寂寞如泉湧，更想去填補「空虛的心靈」。

明明「心靈空虛」不過是自行捏造的幻想。

我要再三告訴大家：人類即便孤獨也能活下去，甚至獲得幸福。

造成不幸的真正理由是「孤獨感」這種不安不滿的情緒，腐蝕了心靈與肉體，導致當事人活得痛苦不堪。

**要是能接納「孤獨也沒什麼不好」，自然放鬆呢？**

**要是能沉醉於自己真正喜愛、真正感到滿足的事物呢？**

**要是能確切了解痛苦的心情，在現實生活中解決問題呢？**

「幸福的孤獨」不是依靠外在來彌補心靈的空虛，而是從「和自己對話」開始。下一章會說明如何處理情感，以正面心態面對孤獨。

CHAPTER 2

# 享受孤獨的人如何面對自己的情緒

## 了解孤獨的真相，和「寂寞」做朋友吧！

# 17

# 為什麼一個人會覺得寂寞？

——要是能接受「寂寞也是無可奈何」、「一個人也很快樂」，心靈自然能平靜下來。

相信大家都有過獨自一人而感到寂寞的時刻，例如在公司沒有聊得來的人、一個人生活、和情人分手後一直處於單身等等。然而，有一位長期獨居的朋友曾對我說：

「我已經習慣獨來獨往，也學會如何克服痛苦與困難。但是當遇到開心的事時沒有人分享——會感到有點寂寞。人類比起共苦，更希望能同甘。」

那麼，為什麼一個人會覺得寂寞呢？

有一說是，人類自古生活在農村社會，需要互助合作才能生存。因此對於孤單一個人無法生存的死亡「恐懼」根深蒂固，於是引發了「寂寞」的情緒。

人類之所以對同儕壓力敏感，「和大家一樣」才能安心，或許也是因為「人類無法獨自生存」的這個論調已經刻劃在DNA裡了吧。

除此之外，個人的「寂寞」往往源自「期待」。

要是不預先期待同事會跟自己聊天，在公司奮力工作而沒有人主動跟你閒聊、攀談的情況出現時，就不會感覺到寂寞。之所以覺得「沒有人跟自己聊天——好寂寞」，很可能是由於過往在公司或學校有交情好的朋友，聊天聊得很開心，因此期待在新環境也能出現一樣的情況。前面提到的那位朋友，也是忘不了分享的快樂。

換句話說，「寂寞」是源自於「想和他人建立關係卻沒有達成」的這種期待與現實的差距。因此我們並不需要為了「我得趕快交到朋友」、「不可以感覺寂寞」等而做出改變現況的行動，這樣反而會適得其反，陷入寂寞的泥沼。

**放輕鬆，接受「寂寞是無可避免的」、「現在一個人也不錯」的現實**。如此一來，內心應該會變得比較平靜。

寂寞雖然伴隨疼痛，但也促使我們成長，教會我們何謂重要的事物。大家不要沒來由的厭惡寂寞，學會與寂寞做朋友吧！

# 18

# 為什麼即便在一起卻還是感到寂寞？

## ——寂寞不過是名為「缺乏」的幻想……

人類不是只有獨自一人時才會寂寞，和別人在一起也會感到孤獨。明明是家人，卻不懂我的心；明明是朋友，卻不願意理解我；明明是戀人，卻不肯好好看看我等等。兩個人的孤單比一個人的孤獨更心痛，甚至可能化為憎恨與厭惡。

以下介紹一個有點極端的例子。

有位朋友與她的丈夫冷戰了多年，雖然每天生活在同一屋簷下，卻始終不願意對話——這樣的生活想必相當難熬。她經常在朋友面前吐槽丈夫的種種缺點，言辭中充滿了失望與不滿。最終，兩人無法再忍受這種僵局，互相指責，甚至告上了法院，走向了離婚的結局。

明明存在卻無視對方的狀態或許才是世界上最傷人的孤獨。

有人在身邊，自然會對對方產生期待。當出現期待，當然也就有可能會感到寂寞。

但凡把問題強加在對方身上，希望對方跟我感情變更好、希望對方肯定我、希望對方對我更溫柔……這麼多的希冀，只會讓寂寞不斷蔓延。

**把期待放在自己身上，而非他人身上，寂寞感會頓時銳減。**

面對現實情況，我們需要理解：「原來如此，事情的確會這樣發展」、「或許是我過度期待了」、「對方也有他自己的立場」，聚焦在自己能夠做到的事情就好。

寂寞不過是一種名為「缺乏」的幻想。這種感覺往往源於自我期待、自覺孤單，因此保持輕鬆的心態是重要的，不要陷入其中太深。

我們應該著眼於正面的現實，例如「今天與他人聊了幾句話」、「我們一起笑了」、「能夠傾訴自己的心事真是太好了」等等，這些都是成人處理孤獨的正確方法。

真正傷害自己的，往往不是他人，而是自己的幻想與鑽牛角尖。明白這項道理便能擺脫寂寞的泥沼。如何看待當下的現實，視為「缺乏」還是「滿足」——端看個人。

# 19

# 孤獨不會持續一輩子，安心地感受寂寞吧！

——夜晚的寂寞，天亮了便會消失。

大家是否有過這樣的經驗？明明平時不會感到孤獨，但在夜晚的某個瞬間卻突然感到一陣寂寞湧上心頭。「孤獨」這頭野獸往往在晚上十點之後突然冒出頭來。

我認識一位三十多歲的男性，身邊朋友眾多，工作順利，卻在晚上打瞌睡時，突然遭到近乎「恐懼」的孤獨侵襲。他心中不禁思考：「沒有稱得上戀人或好友的人——為什麼我會淪落到孤零零的地步呢？如果繼續這樣下去，恐怕要孤單一輩子了。」

我認為，**「夜晚湧現的寂寞到了白天便會消失，因此晚上不必過度煩**

**惱」**。早晨來臨時，身心靈都會因為待辦事項而活躍起來，例如「得準備去上班了，今天要做的事情包括……」，完全忘卻前一晚的孤獨與苦惱。然而，當心靈在夜晚進入放鬆狀態時，原本的在意與不安便會浮現，容易陷入負面情緒。

不少人應該有過這樣的經驗：晚上煩惱所寫的電子郵件與信件，到了第二天早上回頭看，發現內容情緒化且誇張，甚至自己都覺得不好意思。正是因為夜晚徹底沉浸在自己的世界，幻想自然擴張到無邊無際，無法客觀冷靜地審視自己。

「視野狹隘」也是導致「孤獨怪獸」出沒的原因之一。

例如在職場遭到孤立，在學校遭遇霸凌，或陷入狹隘的人際關係，彷彿不安會持續一輩子。**然而，這些情況不過是在漫長人生旅途中，剛好與某些人搭上了同一輛公車的短暫相遇。退後一步便能發現，還有其他人際**

**關係可以選擇下車。**

孤獨所帶來的寂寞不會持續一輩子，就安心地感受寂寞吧！難過的時候就好好哭一場，哭完後要放鬆心情向前邁進。「在這時候感到寂寞，那就好好感受它吧！」允許孤獨的存在，接受孤獨，讓它從怪獸搖身一變成為最強的啦啦隊，促使我們成長，獲得幸福。

# 20

# 致「沒有意氣相投的朋友」的你

——既使沒有意氣相投的朋友，也能出門參加各種活動。

我經常聽到有人傾訴：「看到別人與興趣相同的夥伴或老同學開心聚會，實在很羨慕。我也想要相處融洽的夥伴，但實在很難遇到。」

確實，能與意氣相投的朋友時常聯絡相聚，既快樂又安心，身為「團體的一員」被認可，也能讓人充滿自信。

然而，人真的一定要有夥伴嗎？

我曾經立志當作家，為此前往東京生活。那時候，我一個人去公園賞花。那座公園是知名的賞櫻景點，各種公司同事、朋友與家人等所組成的團體，大家圍在一起野餐。

我心中不禁想：「大概只有我是『一個人』來賞花吧！我沒有同事，沒有家人，沒有朋友，也不隸屬於當地的社群團體，真的一個人啊！」當我察覺這一事實時，**湧現的不是孤獨寂寥，而是海闊天空**。

我不需要去買大家要喝的啤酒，不用特地去占位子，想離開時便能隨時走，還能細細欣賞花朵——想到我一個人可真幸福，嘴角不禁露出微笑。這份感受是我由衷而發的，而非逞強。

沒有意氣相投的朋友，也能出門從事各種活動。與其勉強交朋友，不如一個人自由自在。

即使原本是「不得已只好一個人」的「消極孤獨」，也能改變心態，轉變為「積極的孤獨」，享受獨處所帶來的樂趣與喜悅。獲得自由後活出自我，自然會吸引真正意氣相投的人靠近。

現在的我偶爾也會和朋友一起去賞花。和大家一起賞花也很快樂。想和他人在一起就和他人在一起，想獨處時就一個人待著。對孤獨做好心理準備，無論獨處與否，都能享受其中。

# 21

# 致「覺得自己剩下來」的你

## ——別人是別人，我是我。專心致志在你所能做的事情上。

很多人都會有「覺得自己剩下來」的感受。例如即將畢業找工作時，身邊的人紛紛收到錄取通知，唯獨自己一直找不到工作。進了公司後，覺得同梯裡只有自己沒有做出好成績；成為家庭主婦的朋友則嘆息：「好像只有我一個人關在家裡，與社會脫節。」

我是在三十歲前後時，明顯感受到「覺得自己剩下來」。同學們陸續結婚、生子，沒有結婚的朋友則穩健踏實地經營自己的職涯。而我卻兩手空空，內心焦躁不安。

那時的心情就像大家都搭上巴士，只有我一個人落單：「咦？只有我上不了車嗎？是我哪裡不好嗎？」直到現在，我仍然記得當時孤獨不安、害怕的心情。

但是我現在明白了，所謂「大家都上車了」不過是我的幻想。「覺得自己剩下來」也不過是大錯特錯的「感覺」。每個人都是獨立的個體，各自走在不同的時區，完成各自的人生。

會「覺得自己剩下來」的部分原因是缺乏自信、缺乏明確的目標與方向。這恐怕是從小養成的習慣，靠著與他人比較，依賴他人的評價而一路走到現在。

**每當心中湧現「覺得自己剩下來」的感覺時，就催眠自己：「別人是別人，我是我；天生我材必有用。」**，從「別人怎麼看我」轉換為「自己想怎麼做」，開始挑戰自我。

當你「覺得自己剩下來」，表示你是以他人為標準，認為自己「有所缺陷」。我希望大家先誇獎自己努力生存至今的事實，然後著眼於「自己所擁有的東西」，擴大自己的可能性。相信你會發現自己還能做很多事情。

# 22

# 致「內向而不擅長交友」的你

——與其磨練社交能力，不如坦率面對自己的「嗜好」。

個性內向的人往往在他人眼裡顯得陰沉、樸素、朋友不多，被視為負面的特質：內向＝陰鬱＝孤獨寂寞＝最好改一改個性。

自覺個性內向的人由於不擅長交友，通常會對自己施加壓力，強迫自己磨練溝通能力。

的確，能夠立刻交到朋友，和大家一起喧鬧的「個性外向」的人，的確看起來充滿魅力。他們個性開朗，受人歡迎，往往是大家崇拜或疼愛的對象，做人處事確實有傑出之處。

但是「個性內向＝最好改一改個性」的觀念是大錯特錯的。這世上存在著內向與外向兩種人，並沒有誰高誰低的問題。

個性內向的人多半避免與他人交流，喜歡保留並且享受獨處的時光。**倘若有足夠投入的嗜好，不但一點也不寂寞，甚至過得十分幸福。**

享受獨處時間的代表性人物應該是「御宅族」。這群人無論他人如何看待，總是把所有精力投注於自己的「嗜好」。我認識不少御宅族的朋友，例如偶像宅、職業摔角宅、歷史宅與雷鬼宅等等。這些人和其他同好交換資訊，透過社群媒體發表，並認識其他同好，受到矚目與信賴，進而建立起自己的人際關係。

個性內向的人與其磨練社交能力，強迫自己與人交際，不如把氣力投注在自己的嗜好，反而過得更幸福，也更容易找到意氣相投的朋友。

「交朋友」不應該是刻意為之的目標。正因為彼此內向，方能建立雙方都能舒適相處，沒有絲毫勉強的關係，並且長長久久。

# 23

# 致「無人可依靠而孤獨」的你

——提升應對孤獨的能力，便能預防陷入孤立而不知如何是好的情況。

常常聽到有人說：「沒有人可以依靠，好孤獨」。

例如「在公司裡遇到困擾，沒人可以商量」、「我是偽單親，沒有人支援」、「我一個人住，生病時沒人可幫忙」、「痛苦時沒人可以傾訴」、「沒有家人，老了之後沒人可依靠」等情況。

聽到這些話的時候，大家通常會建議：「找個可以拜託的人，免得緊急狀況時不知所措」、「要勇於求助」。

有人幫忙當然讓人安心。但若是隨便指望他人，發現對方做不到時，反而會更陷入孤獨的境地……

我**希望大家能察覺「我有自助的能力」**。無人可依靠往往與孤獨、寂寞、不安和自我否定相連結。然而，在現實世界中，其實不過是「能自己解決的事就靠自己，不能自己解決的事情就拜託別人」罷了。

我的一位台灣恩師帶著幼兒到日本留學時，身邊一個認識的人也沒有。他於是前往市民活動中心張貼公告，徵求保母。得到一位女性長者以志工的身份幫忙照顧，後來還持續了好幾年。當你真的得拚命解決問題時，才沒有空嘆息「沒人可拜託，好寂寞」。

我從寫書到經營公司，都是靠自己一個人。雖然一路上有時會感到辛苦，但卻不曾感到孤獨，甚至覺得輕鬆、滿足與幸福。遇到困難時，我靠著智慧與創意解決，當然也會向外尋求援助，例如「誰來教教我」、「能幫我一下嗎？」、「有空聽我講一下嗎？」。**抱持著問路的心態，向外尋求可能熟悉該問題的人也是可以的。**

累積「自己想辦法解決」的經驗，建立「應對孤獨的能力」，最終會成為生活的力量。想要保護自己的身心靈，首先要依靠自己開始。

# 24

## 致因為「身邊的人」而感到寂寞的你

——無法互相了解才是常態。認為不說對方也能懂不過是一廂情願。

我曾經接到一對母女來找我相談：「為什麼女兒（媽媽）都不懂我的心情呢？」

女兒哭訴：「媽媽不願肯定我的生活方式，她根本不懂我想靠自己努力的心情。」另一方面，媽媽氣急敗壞：「我之所以反對，都是因為了解自己女兒是什麼樣的人。為什麼她就是不懂母親擔心的心情呢？」

身為母親，女兒從出生起就在身邊，兩人一同歡笑、一同哭泣，自認了解對方的性格、喜好、厭惡、拿手與不拿手的事物。自然沒想過女兒有一天會向自己抗議：「妳根本不懂我。」這種時候，與其說是寂寞，不如說是一股怒氣湧上心頭吧！

但女兒也實際感受到母親並未完全接納自己。覺得「對方為什麼不懂我？」的原因多半出自自己，而非對方。人往往期待「既然是父母，總有一天會懂」、「子女應當了解父母的心情」。然而，這種期待往往會落空。

我們不必期待他人，也不需要回應他人的期待。因為無論多麼親近，都無法百分之百了解對方的感受。

**但如果能把前提從「人類可以互相了解」轉換為「人類本來就難以互相了解」，自然能放下心中大石，寬容接納現況。**

「我向主管反映工作太多，對方卻不願意諒解」、「老公不懂我很寂寞」、「不用說，對方也該察覺」——這些話聽起來像是嚴厲的指控，其實都是一廂情願。不以對方能夠明白的方式表達，對方當然聽不懂。

正因為「無法互相了解是理所當然」，才能夠站在對方的立場，想像對方的心情，並下功夫了解對方。也正因為不了解，才會貼近對方，在稍微了解時的那一刻感到喜悅。

從「無法互相了解才是理所當然」開始，正是互相了解的第一步。

# 25

# 致「覺得一輩子談不了戀愛」的你

——無論有無戀人，都能獲得幸福。

在日本，大約在三十年前開始流行起「或許不會結婚症候群」一詞。在幾乎所有女性結了婚都會辭去工作的時代，出現了一群活躍於職場的女性，於是開始出現「也可以不結婚這個選項」的想法。「單身貴族」一詞到了現代已經成為平凡的用詞，甚至有越來越多的人，別說是結婚了，認為「我也許一輩子不會交男（女）朋友」的人比比皆是。

了解單身的快樂自在，計畫一個人過一輩子，「一個人也沒問題」、「一個人更自在」，並充分享受工作與遊樂的人，個性乾脆俐落。

儘管這個時代可以自由選擇生活方式，認為「孤獨是因為沒有對象」、「擔心是否能一個人過一輩子」而焦躁不安的人仍舊不在少數。

那麼，一個人也很幸福的人和因為一個人而覺得寂寞的人，究竟哪裡不一樣呢？

首先，最大的區別在於他們對當前狀態的看法：是「滿足」現況，還是覺得現況有「缺失」？**一個人也很幸福的人懂得在「當下」尋找樂趣與喜悅，滿足於眼前的工作與休閒，落落大方**。

反之，因為一個人而覺得寂寞的人，誤以為「要有家庭或戀人才會幸福」、「一個人無法生活」。這樣的人看不見眼前的幸福，心靈空虛，總是缺乏自信，看起來不滿不安。

另一個差異在於是否投入自己想做的事。

「自己一個人也很幸福」的人明白自己喜歡什麼、想要什麼，並願意為此投入時間。而覺得「一個人很寂寞」的人多半會迎合、配合他人，長而久之也因此迷失了自我。

「想要建立自己的家庭」、「想要談戀愛看看」——要是你的腦海浮現著這些想法，那就趕快著手行動吧！但是若以為「沒有家庭或戀人就會不幸」，實在是大錯特錯。世上存在許多不拘泥形式的人際關係，這些關係中自然也有愛與溫柔。放輕鬆接受所有狀態，把注意力放在眼前擁有的幸福吧！

# 26

## 致「感覺不被需要而孤獨」的你

——停止不動不會有好事發生，找些事情來忙吧！

五、六十歲的女性經常掛在嘴邊的孤獨感，往往是「子女離巢後，突然像洩了氣的皮球，覺得沒有人需要我……」。即便女兒體諒母親，說：「媽媽，妳以前為全家付出，今後的時間都應該為自己而活！」但若沒有特別想做的事情，聽到這番話反而會覺得遭到女兒的拋棄，更感沮喪。

子女離家後，內心空虛寂寞的狀態被稱為「空巢症候群」。尤其是那些全心投入育兒的人更容易陷入這種情況。這不僅是中高年人才會遇上的問題，年輕人也會因為「沒有人需要我」而嘆氣。這些人多半有錢有閒，生活不覺匱乏。或許也正因如此，他們才會感到內心空虛，並「不知道該以什麼做為目標」，日常生活也變得無所事事。

人之所以幸福，不是因為有錢有閒，而是**懂得追夢，為了夢想而煩惱與迷惑，全心投入！**

對於空巢症候群的人來說，最好是早早摸索自己的道路；如果已經陷入不被需要的孤獨，更應該趕快動起來。

有大把時間可以揮霍卻停止不動，腦中不會想出任何有意義的事。這時候，不妨假設「人生只剩一年」，列出所有感興趣的事情，逐一嘗試。實際行動後，或許就會發現自己「想更深入鑽研」或「想挑戰」哪些事情。

另一個建議是「當個熱心的人」。例如，做些手工果醬送給朋友；幫助年長者的生活，譬如協助購買生活用品；去公園幫忙種花、除草；或在小學生上下學時擔任導護志工……這些都是我朋友實際在做的事情，受到幫助的人都十分高興。其中有位陷入孤獨的年輕人去受災區當志工，反而覺得自己因此得到了救贖。

如果能把幫助他人作為人生志業，那可說是獲得了真正的幸福呢。適度忙碌，自然無暇感到寂寞。

# 27

## 致「無法忍受年老的寂寞與不安」的你

——感謝老天賞賜的生命，期待今後的自己。

提到「老化」，往往容易聯想到寂寞、孤獨、不安與失望等負面情緒。我以前每次去養老院拜訪母親時，看到她逐漸失去記憶，身體日漸衰退，屢屢感到心痛。

有一次，媽媽對我說：「我快九十歲了，光是活著就算是賺到了。你想想上一代的人，這時候早就死了。」她說完還哈哈大笑。

相較於年輕健康的時候，媽媽的確「失去了」一些原有的機能。想到這點不免有些傷感。然而，轉換心態，覺得媽媽能這麼長壽真是「幸運」，心靈隨之輕鬆起來。

無論何種狀態，重要的是面對當下的母親，珍惜相處的時間。

有些五、六十歲的人已經滿腦子都是擔心老年生活的問題：「老了之後不知道錢夠不夠用？」、「搞不好會生病」、「要是孤獨死怎麼辦？」

但是，**把時間花在擔心上實在太浪費。人生沒有彩排，每個當下都是「來真的」，不享受現在實在太可惜**。

每個年齡都有「享受當下」的方法。

人生獨旅的最後一段路，應該更能體會所見所聞，徹底享受孤獨的樂趣。何妨就接受身體與心境的變化，期待「到時候可以看到什麼樣的風景呢？」

日本畫家堀文子在四十九歲時搬進大自然；七十歲時因為厭惡泡沫經濟破滅之前瘋狂的日本社會，而移居義大利；八十一歲時為了尋找在喜馬拉雅綻放的藍罌粟而旅行……她的人生的下半段仍持續不斷移動。

八十三歲時，由於生了一場大病而無法出門，她仍繼續摸索其他能打動心的事物，最後選擇描繪顯微鏡下神秘的微生物。

她當時曾說：「今後我會為了什麼而驚艷並投入呢？我心中未知的某些部分或許會萌芽成長，我仍期待今後的第一次體驗。」這番話告訴我們，無論到了幾歲，都能對自己有所期待。

現在投入沉醉的事物，或許日後會成為眼中最美的一道風景。

# 28

# 不怕寂寞的人具備三種特質

——「誠實」、「好奇心」與「樂觀」消弭寂寞。

孤獨感是一種心理感受。感到孤獨和當下是否獨處無關，而是覺得「只有我一個人」。有些人會因此悲觀，覺得「我無法忍受這種寂寞！」有些人則不以為意：「孤獨也不過如此罷了。」

後者多半對孤獨沒什麼感覺，即使感受到也不會因此受到打擊。換句話說，他們具備心靈不會得感冒的「免疫力」。

本文要介紹「不怕寂寞的人所具備的三種特質」。

首先是「誠實」。誠實面對自己的感覺，選擇真正喜歡與想要的事物。由於基本上認為「別人是別人，我是我」，即使和他人不一樣也不在意，因此不太會感到孤獨。

如果總是迎合他人、配合對方，逼迫自己服從周遭，對方也會因此更進一步期待，反而更容易感到孤獨。

第二點是「好奇心」旺盛。隨時抱持「好雀躍」、「好有意思」、「想進一步了解」、「想瞧瞧」、「想試試」的心態，沉醉於有興趣的事物，自然無暇感到寂寞。**即便今天覺得有些寂寞，隔天又能找到有趣的事物，立刻轉換心情**。

反之，缺乏好奇心的人總是抱持消極的心態，心想「好像都沒有有趣的事」、「真無聊」，因此心靈容易空虛。

第三點是「樂觀」。即便事態不如人意，還是能大方地說「算了，就這樣吧！」面對對方拒絕回應，也能抱持樂觀心態，心想「這也是沒辦法的事」。這類人能夠樂天接受現實，不太容易煩惱。反之，悲觀的人容易陷入執著，「我才不要這樣」、「那個人真是太過分了」，總是覺得別人欠自己，因此常感到寂寞。

光是時時保持「誠實」、「好奇心」與「樂觀」，就不容易感到孤獨，並培養出「幸福體質」。

# 29

# 你的人生沒有一絲一毫錯誤

## ——是否拘泥於「美好家庭」、「美好另一半」的幻想呢？

一位四十多歲的女性寄來訊息，內容充滿濃濃的寂寞。

「朋友都結了婚，有自己的家庭，只有我落得一個人。生日也沒有朋友跟我一起慶生，想到這裡覺得自己是不是哪裡走錯了路？心裡好難過。」

我的回答是：「妳沒有走錯任何路。」

因為人生沒有標準答案。

**她的孤獨感源自於「幸福人生」、「美好家庭」與「完美夥伴」的理想所洗腦**，陷入了「結了婚便會幸福」、「生日有很多朋友為自己慶祝很快樂」等刻板印象的「幻想」，因此否定「一個人的自己」。

她大概對「孤獨」也抱持著不良的印象吧！但是人本來就是「孤獨」的。接受孤獨代表已經是成熟的成年人。不會隨便依賴他人，落落大方地主張「我就是我」，這不是很帥氣嗎？

結了婚也可能會感到不滿。例如「夫妻的興趣不同，假日各自度過」、「對方不肯聽我說話」等孤獨，這些往往也是因為受到理想夫妻的幻想所束縛。

有期待才會落空。肯定現況，接納「各自做喜歡的事也很幸福」、「雖然不常聊天，但省了很多麻煩」，建立屬於自己的舒適關係。

大家不妨以正面積極的心態接受孤獨，重新設定「理想中的自己」，從不同方向擴大自己的可能性。曾經有位五十多歲的女演員說過：「我固定每年生日都一個人過。」我覺得這樣的孤獨也很美好。把這位女演員的做法視為一種美麗帥氣的孤獨範本，重新思考「理想的自己」或許也不錯。

# 30

# 不需要追求完全的孤獨

## ——想群聚和想獨處都是人類的本能。

「想和他人在一起」和「想一個人靜靜」都是人類的本能。無論是意氣相投的朋友或是感情要好的家人，成天或是窩在一起好幾天，也還是會疲倦，多少會心想「偶爾也想一個人靜靜」。

只要和他人相處，總是會想回應對方的期待。獨自一個人則能完全解放身心。生存於社會之中，不可能有「完全的孤獨」，而是在「和他人共處的自己」與「獨處的自己」之間來來去去。

關鍵在於如何保持兩者的平衡。疲於育兒與長照的人，有時候會想一個人出門喝杯咖啡；而在新冠疫情期間，一直居家辦公的人有時也會想跟別人聊聊天。

想獨處時就獨處，想和別人在一起時就和別人在一起。**聆聽自己的心聲，「時而獨處，時而相伴」，隨著當下的情況行動即可。**

不要覺得「大家都這麼做」、「一個人很丟臉」而作繭自縛。在公司吃午餐時，想一個人去吃，就一個人去吃吧。

曾經有人說我是個「孤傲的人」。我聽了很驚訝。但仔細想想，在旁人的眼中，我不屬於任何團體，倒像是沒有計畫的獨自旅行者，難怪會被認為「孤傲」。

然而我一路上受到許多人照顧，工作與休閒也會與人同樂，並未刻意追求獨自搏鬥的孤傲人生。

我一直覺得「懂得獨處與群聚的人很棒」。但是隨著年齡增長，獨處的時間越來越多，所以變得有些恣意縱情，也說不定。

無法預測未來，也許有一天我會渴望和某人在一起也說不定。

「時而獨處，時而相伴」的平衡，隨當下的情況即可。

# 31

# 這股寂寞或許是來自童年時的孤獨

——改寫當時孤獨的記憶吧。

那已經是很久以前的事了。當時的我無論是在職場還是戀愛中，都想當個「好人」。結果總是把自己搞得精疲力竭，最後選擇離開……

當時我以為自己在工作上以他人為優先，是因為習慣體貼別人；不想和戀人分開是因為愛著對方。但是從事心理治療工作的朋友卻對我說：「你小時候是不是很寂寞？」

他這麼一說，我就想起來了。我家是雙薪家庭，爸媽常常不在家。當時我常常在黑暗的公園裡，一個人哭哭啼啼地玩沙。

那一瞬間，我彷彿回到小時候，心痛不已，已經長大成人的我甚至忍不住嚎啕大哭了起來。

朋友溫柔地向我低語，宛如在安慰小時候的我：「深呼吸，身體放輕鬆，那時候你好寂寞，但現在已經沒事了。因為**你已經長大，可以自己生活，並帶給自己幸福**。」

自此之後，每當我感覺到秋風蕭瑟般的寂寞時，總會對自己呢喃這番話。如此一來，我慢慢覺得所謂的寂寞，其實是自己的「幻想」。事實上有很多人愛我，我不需要當「好人」也不會遭到拋棄，更不需要勉強自己偽裝……不知不覺，我不再體貼他人至精疲力竭，而是以自己的心情為優先。

小孩子一開始上幼稚園時，通常會大哭大叫：「我不要跟媽媽（爸爸）分開！我一個人會怕！」但習慣了之後就知道沒有父母在身邊也能玩得很開心，之後上學便能主動揮手說再見，快快樂樂地走進幼稚園。

如果因為工作時受到的指責而深受打擊、無法釋然；想說的話卻說不出口；當戀人、朋友不在身邊便寂寞不已，這都代表童年時期的孤獨感可能仍留在身體與心靈中。這時候請深呼吸，溫柔地安慰自己：「現在已經沒事了。」我們可以帶給自己幸福了。

# 32

## 正確度過孤單時刻的方法①

# 問問自己為什麼寂寞？

——孤單的時刻適合聆聽自己真心話。

當夜晚莫名感到寂寞，與家人心靈的距離感加深，或因工作成果不受肯定而感到沮喪時，我們該如何度過這些孤單的時刻呢？

有些人選擇喝酒，有些人選擇購物，有些人則暴飲暴食，還有人想向他人抱怨。然而，如果不是到了無法承受的地步，我希望大家能勇敢面對孤寂，並思考「為什麼我這麼寂寞？」

孤獨意味著與自己對話，這正是發掘真心話的好時機。把「另一個自己」視為好朋友，透過與這位好朋友的對話，挖掘隱藏在寂寞背後的真心話。深入客觀地了解自己，應該能找到帶來幸福的線索。

寂寞往往源於期待與現實之間的落差。詢問自己「為什麼會覺得這麼寂寞？」接下來的問答可能會是：「我究竟想怎麼做？」、「我現在缺少的是什麼？」、「等一下，我真的缺少什麼嗎？」、「我擁有些什麼呢……」、「現在我能做什麼呢？」

如此一來，我們可能會開始思考：「果然，不跟其他人聊聊會感到寂寞。」、「偶爾說說喪氣話也沒關係吧！」、「不需要在意他人的話。」

將腦海中的所有想法寫在筆記本上也是個好方法。

在此過程中，請注意不要責備自己或他人，也不要急於解決問題。勉強自己解決問題，反而會累積壓力，讓思緒變得混亂。

**對自己說：「雖然我很孤單，但我已經盡力了。」察覺自己的真實心聲**，應當會慢慢發現該怎麼做。

凝視寂寞，從外側觀察內心，告訴自己：「原來我很寂寞啊！」、「這種時候也會感到不安呢！」光是這樣做，便能撫平寂寞的心情。

# 33

正確度過孤單時刻的方法②

## 培養一個人也能享受的樂趣

——精心活在「當下」，寂寞自然遠離。

當「我知道自己為什麼寂寞，卻不知該如何是好」、「失戀之後，心像是破了一個洞」等時候，若無事可做，本不會浮現的負面思考往往會如洪水般湧出。

如果擱置不理，可能會因自我否定與後悔而傷害自己。

想與寂寞好好相處，不妨試試那些一個人也能投入的樂趣。

例如，運動、園藝等接觸大自然的活動、制定目標學習新知、挑戰新料理、悠閒地泡澡、好好睡一覺、改變房間布置、隨心所欲去旅行或散步等。不妨多培養幾個適合自己的興趣。

我建議不如就盡情沉浸在音樂、電影與閱讀等娛樂中。挑選電影與連續劇時，與其選擇開朗愉快的內容，不如欣賞那些能撫慰寂寞心靈的主題，觀看後更能撫平情緒。前幾天我剛看完一部電影，情節是可以與過世的人見上一面。看的時候哭得唏哩嘩啦，看完後心靈卻彷彿受到洗滌，這或許是內心蠢動的情感終於得到了治癒。

閱讀也是寂寞時的好夥伴。根據當下的心情，選擇隨意翻閱或認真閱讀小說、散文、商業書籍或攝影集等作品。

讀書時若抱持與作者對話的心態，所產生的新觀點與想法會逐漸流入內心，讓我們覺得自己的寂寞「也不是什麼需要煩惱的大事」，「明天的事留待明天再煩惱吧」。

**照著自己的心意做喜歡的事是孤獨的特權**。享受獨處的喜悅，精心活在「當下」，便能習慣面對孤獨。

# 34

正確度過孤單時刻的方法③

## 莫名寂寞時，光是找人說說話便能得救

——即便不怕孤獨，還是有需要安慰的時候。

有位朋友因需照顧父母而辭去工作。他曾對我說：「我明白不應該哭訴發牢騷，但有時候就是會覺得無比寂寞。」「我住得很遠，幫不上你的忙，但至少能聽你說說話。」朋友稍微傾訴了一下自己的孤獨，其餘時間都在閒聊。儘管如此，他還是很高興地表示：「我莫名冷靜了下來，又有力氣能撐下去了。」**真的痛苦時，光是「有人願意聽自己說說話」便能得救。**

有一次，我在公園遇到一位陌生的老先生向我搭話。他告訴我妻子在幾年前過世的故事——他應該是很想跟人說說話吧！

他雖然笑著說：「我實在無比孤獨，想說就這樣死了也無所謂。多虧你聽我說話，才撿回一條命。」聽了之後，我一點都不覺得他在說笑……

有時候我會想起那位老先生，希望他能打起精神好好活下去。「無比孤獨」這句話聽起來相當沉重。即便是為了自己而在孤獨中努力生活的人，也需要他人的安慰與鼓勵。

有人聽自己說話，代表有人認同自己、接納自己，單單如此便已經是一種安慰，無需多餘的建議與解決方案。

現代人的緊急應對方式是透過社群媒體與他人交流，或使用付費的諮詢熱線。有時候面對陌生人，反而更能說出口。（但是有些人會趁著寂寞的人心靈空虛之際，假裝溫柔聆聽，實則想藉此大撈一筆。因此，尋找聆聽的對象時必須小心謹慎。）

在這個人際關係逐漸淡薄的社會，日常生活中，主動關心周圍的人，彼此互相招呼閒聊是必要的，以免身邊的人陷入孤獨的泥沼。而當你孤獨的時候也不妨直接傾吐，「我好難過」、「我累了」，說出來沒關係。

不需要勉強自己忍耐，也不需要感到羞愧，鼓起勇氣和他人交流吧！

# 35

正確度過孤單時刻的方法④

## 尋找新的日常，慢慢習慣

——離別所帶來的寂寞需要「時間」來撫平。

當失去父母或伴侶等關係親近的對象時，剛開始的半年到一年，會因為失落而突然想起對方。無論感情如何，當失去對方時，彷彿缺失了自己身體的一部分。

在這種時候，放聲大哭也好，沉浸在回憶中也罷；感到悲傷寂寞是因為對方對自己很重要。用「曾經擁有」取代「失去」，就能把悲傷轉化為謝意。

此時，最好的解藥是時間。一年之後，傷痛逐漸消失，習慣失去對方的日常生活。建立新的人際關係，開始以現實為考量。

這並不是薄情寡義，而是自然的理想狀態。老是沉浸於過去的「幻想」哭哭啼啼，是活不下去的。

這幾年，有些朋友失去了丈夫。特別引起我注意的是，他們通常在過了一年之後開始翻修或重建房子。

朋友說：「我完成了理想中的家，以後一個人生活會更舒服。家裡有烤肉空間，也有健身空間，方便鄰居聚會。」

**即使失去與摯愛的人共度的日常，積極以新生活來取代，過去的片段也能化為美好的回憶**。那位朋友還告訴我：「丈夫在世時，我覺得他這個人真是麻煩，現在卻只想得起他好的一面，總覺得他還在我身邊。」

感覺失落卻不寂寞，反而是表示有自信，能夠一個人活下去。反之，生活與精神方面完全依賴他人的人，容易被孤獨與不安所侵蝕。

有人分析過，失去伴侶之後，女性會精神奕奕，男性則無精打采。這或許是因為男性貌似堅強，卻往往依賴妻子，實則最為脆弱。

藉由「感謝」、「時間」、「新的日常」來撫平寂寞，好好活在當下吧！

# 36

## 留意自己與他人的連結，便不會感到寂寞

——有些互相給予的關係是肉眼看不到的。

我現在之所以不覺得寂寞，並不是因為自己很堅強，或是不對他人抱持期待。而是我經常覺得「我是一個人，卻又不是一個人」。即便肉眼看不到，卻仍然與許多人有所連結，受到眾人影響與支持。

舉例來說，一棵樹貌似獨自佇立於大自然中，實際上卻與太陽、水及其他動植物等地球上所有生命都有所關聯，這些元素綜合打造出一條生命。寒冷、颳風與天敵等負面因素則促使樹木變得更為強壯。

小時候對著佛龕雙手合十時，父親常常低語：「要是缺了任何一位祖

先，就沒有今天的我。想到大家努力活下來，傳承家族，就覺得這條命不單純屬於自己，要好好抬頭挺胸活下去。」

我有時會想起這番話。每次想起時，都覺得自己受到祖先的溫柔庇蔭，充滿勇氣。

我所尊敬的對象曾對我說：「能在亮晃晃的燈下看書，能生活在平和的環境，都是某位先人所留下的功績。要是死前能讓這個世界變得好一些，一定是件很幸福的事。」

現在，我們的生活是建立在前人所奠定的基礎上，或現代人的貢獻，一切都非常完美。

**我是否為他人貢獻己力了呢？我是否讓他人露出笑容了呢？思考自己對外能付出什麼貢獻，孤獨瞬間便不知飄向何方。**

我建議大家養成一個習慣：時時對前人與周遭的人懷抱謝意，尋找自己也能做到的小事。

如此一來，儘管身在孤獨當中，應當能感受到「我是一個人，卻又不是一個人」。

CHAPTER 3

# 孤獨才是自由幸福的生活方式

## 歡迎孤獨，便能發現孤獨的多重功效

37

# 容易發現屬於自己的快樂喜悅

——答案不該向外追尋，而是向內挖掘。

許多人認為「孤獨是可憐與寂寞」，因此總是逃避孤獨。其實，正是孤獨讓我們獲得幸福。更具體地說，**人們在孤獨的時刻，才能認真思考如何才能真正感到快樂**。即便身邊有家人與朋友，我們依然需要物理性地打造獨處的時間。

在這一章中，我想與大家分享孤獨所帶來的美好「禮物」。

其中最大的禮物便是自由。接受孤獨的人認為「別人是別人，我是我」，因此能自由地思考自己想做的事與想要的東西。如此一來，更容易發現屬於自己的快樂與喜悅。

而害怕孤獨的人則習慣依賴他人，透過與他人為伍或選擇相同行動來尋求安心，因此總是向外尋求答案。他們的工作、休閒和生活方式常常以他人「如何看待自己」為依據，而非自己「究竟想做什麼？」在他們眼中，正確比快樂重要，輕鬆不會失敗又比有趣重要。

舉例來說，接受孤獨的人就像獨自旅行，而害怕孤獨的人則像是參加旅行團。獨自旅行雖然麻煩，但能隨心所欲地安排行程，例如喜歡歷史，想多探索古老的建築。反之，旅行團雖然輕鬆，但行程卻完全掌握在他人手中，即使根本「不想去土產店」，也得隨從團隊的安排。

我所尊敬的孤獨者是朵貝．楊笙（Tove Jansson）作品《姆米谷的瘋狂夏日》中的司那夫金。他是一位旅人，喜愛孤獨與自由，總是隨心所欲地流浪，不喜歡受到限制。我印象最深刻的名言是「重要的是，了解自己想做的究竟是什麼。」

這是人生的指標，答案無需向外追求，永遠都在自己內心。孤獨的人可以為了內心所追求的事物而上山下海，享受追求的過程。

# 38

# 心平氣和地面對「當下」

——放鬆集中於眼前是進入「無我」的境界。

接受孤獨的人所獲得的第二個禮物是心平氣和地面對「當下」。

習慣與眾人一起喧鬧、受人稱讚的人，往往忙於「融入」場合，腦中充滿各種雜音。獨處時，他們也常常在思考「當下」以外的事，例如「那個人講話為什麼那麼討厭？」、「大家是不是以為我是個很糟的人？」

因為不想落入孤獨的境地，他們追求與他人共處，反而因他人的反應而忽喜忽憂，變得更加孤獨。總是想太多，讓自己心累。

接受孤獨的人了解與他人共處的樂趣與安心。然而，生活的基礎是「一個人」，因此不可能總是與他人混在一起。他們**重視不受任何人打擾的時間，心平氣和地享受「當下」**。

獨自露營、一個人去唱卡拉OK或吃烤肉等獨自行動，反映了現代人疲於「和他人共處」。獨自一人時，不需要在意周遭，大可放鬆心情，投入眼前的事物。我能理解這些人為何沉浸於孤獨的舒適中。

工作與日常生活中也能享受「當下」。我的書房裡掛著一幅種田山頭火*的俳句：「水聲微微，今日也獨自行旅。」摀住耳朵，阻隔對未來的擔心、對過去的後悔以及他人的聲音，心平氣和地專注於當下，便能感受到眼前的快樂、喜悅、感動與發現，猶如聽到微微的水聲。

現代人忙於應該做的事，注意力往往投注於未來。工作時享受工作，做菜時享受做菜……用心體會每一個瞬間與每一天，應該會更容易感受到幸福。

---

＊編按：種田山頭火（たねだ さんとうか），本名種田正一，為日本自由律俳句詩人。曾於東京早稻田大學文學系就讀，中途輟學。熱衷於旅行、詩歌與飲酒。

# 39

## 決定在我，減輕壓力

### ——認為「都是自己的選擇」，壓力也不再可怕。

當我在服飾店當店長時，夾在主管施加的壓力與自身的反抗之間，差點壓垮心靈。不僅如此，工作環境還很血汗，連續好幾天都工作到深夜。同梯的店長幾乎每個人都身心不堪負荷，紛紛辭去工作。大家都承受不了無處可逃的「中階主管的孤獨」——沒有決定權，唯一擁有的只是肩膀上的重責。

人類在「痛苦卻又得遵從命令」的狀態下久了，不免精疲力竭。

我也曾經因為過度辛苦而思考過：「既然做得這麼不開心，不如辭了吧！」然而，這樣的想法反而讓我變得正面積極，我想到自己「在這裡工作是有目的的，不能輕易放棄」，進而發奮「要做就做到全日本業績第一的店長」。

積極**認定「一切都是自己的選擇」**，便能發現無處可逃不過是一場**「幻想」**。**沒有人能限制自己，也沒有人能左右自己**。

同樣是採取行動，若是服從他人命令的結果，會累積不快的壓力；若是自己決定的結果，則是推動自己成長的助力。

工作表現傑出的人，即便身處痛苦的孤獨之中，也不會抱怨，甚至愉快地享受工作。這應該是因為目標與伴隨而來的責任感都是自己的決定。

孤獨得很幸福的人，總是「積極」思考行動。

他們切割組織與自己的目的，思考適合自己的方法。對於周遭的意見與公司的命令不囫圇吞棗，而是以自己為中心面對問題，思考「這種做法很奇怪吧？」、「還有其他辦法嗎？」如此一來，反而能贏得眾人的信賴。

我決定一整天「只做想做的事」。生活在社會中，難免得配合他人與遵從他人的意見。然而，若配合與遵從是自己也能接受的結果，則不會累積壓力。

秉持自己的目的與積極主動選擇，是接受孤獨的必備條件。

# 40

# 具備完全接納的肚量

——能夠等待是心胸寬闊的成年人特權。

秉持自己生活方式的人心胸寬大，無論周遭環境如何，都能心平氣和地接受，不會大驚小怪。

我有個朋友與丈夫分開生活了三十多年。丈夫在孩子還小的時候就派駐外地，她幾乎獨自一人養育子女。等到子女長大成人，離開家庭，原本計畫丈夫退休後夫妻一同生活，但丈夫卻因想天天釣魚而搬到離島。

「大家應該覺得我們家很奇怪吧！但是這種生活才符合我們的個性。」她這樣說是因為對自己的生活方式有著清晰的認知。

她毫不後悔自己的選擇，「過去的生活以育兒為中心，所以我參加家長會，支援孩子的社團活動，感到非常開心。」

她應該也曾有感到寂寞的時候，但選擇自行消化解決的方式實在很偉大。現在她一邊照顧生病的父母，同時經營著一家慈善商店。因為明白自己的優先順序，她總是能貫徹自己的想法，從未猶豫不決。

雖然對外界仍有一定的期待，但她不會強迫對方一定要回應，而是以寬闊的心胸接納現實。**配合對方的情況來等待，是有度量的成年人所具備的特權**。這種人不會將等待的時間視為被對方左右，而是轉換心情，告訴自己「我也很享受這段時間」、「想像各種情況來等待也很快樂」。因為認為這段期間也是自己的時間，所以能夠心平氣和地等待。

無法承受孤獨的人則常常忐忑不安：「為什麼只留我一個人？」、「對方不肯愛我嗎？」、「對方不重視我嗎？」關係破滅的原因多半是因為陷入悲觀的「幻想」而單方面放棄。

然而，並非事事都需迎合對方，當意見相左時，為了愛自己與對方，也必須努力找出折衷方案。
做好心理準備來應對孤獨，才能算是真正接納他人。

# 41

# 誠實以對，好處多多

## ——「這樣的自己就很好」這種自信能促進人成長。

自從我注意到「大家都是獨自一人」之後覺得，最大的優點在於——可以誠實以對。

過去為了融入環境，我總是避免在人前做自己。然而，自從不再配合四周，扮演虛假的角色後，我的人際關係也出現了一百八十度的改變。

過往配合周遭所處環境時，我經常欺騙自己。

去參加自己分明不想去的聚餐、裝出笑臉說些恭維的話；明明一點也不好卻說「我很好」——這些話還說得像呼吸一般自然。我欺騙自己說這些話是「為了對方」，但其實是為了保護自己，「不想被討厭」、「不想被當成糟糕的傢伙」啊。

忍耐與強迫自己久了，自然會感到痛苦，甚至開始痛恨這一切。甚至為了避免對方識破，臉上慢慢失去表情。

「他人其實沒那麼在乎我，要是不刻意配合對方而遭到討厭，也是無可奈何」——當我豁出去之後，不再害怕，慢慢開始做自己。我學會了不知道就說不知道、不想做就拒絕，坦率表達自己的喜好……當我不再裝模作樣，流露自我，便發現了幾件事情。

首先，**對自己誠實不會遭人討厭**。看在大家眼裡，反而是表裡如一，打開心扉，因此大家都願意和我做朋友。

當我誠實以對，不再勉強自己，心情也就不再鬱悶了。

至於最大的好處則是喜歡自己。即便與周遭不同，即便有缺點，仍然能肯定自己，覺得「這樣的自己就很好」。

當我覺得他人的目光「沒什麼好怕的，其實出乎意料的溫柔親切」時，恰到好處的緊張也成為促進自己成長的好夥伴。

# 42

# 減輕社會造成的壓迫

## ——擁有孤獨的時間，消弭拘謹束縛。

我認識一對夫妻，他們住過世界各地，三年前選擇搬到日本的鄉下地方。他們平常積極參與當地的祭典與社團活動，享受鄉村生活。然而，男方每年會和朋友出國幾次，去打高爾夫球。

他表示：「無論多麼喜歡的地方，身處於小型社會，總會漸漸覺得透不過氣來。」女方則一年回娘家兩次，順便旅行約兩個星期。

女方發現「不可思議的是，各自回家之後，對彼此都更加溫柔。」

當身處於家庭、公司與當地社群等「小盒子」裡時，總會不自覺地感到壓力。**主動獨自行動，懂得享受與擁有孤獨時間的人，能夠減緩壓迫感。**

而那些不懂獨處的樂趣與重要性的人，則無法擺脫肉眼看不見的壓力，總是拘謹彆扭。

有位負責業務的男性，平常為了達成工作業績而精疲力竭，經常和同事去居酒屋喝酒，抱怨工作。但自從養成週末爬山的習慣後，他面對工作變得充滿幹勁。

離開平常熟悉的環境，參加登山社團，認識長者與年輕人，彼此沒有高低之分，只是單純享受登山的樂趣……這種休閒時間改善了他停滯的日常生活。

光是離開熟悉的環境，心靈便能獲得解放，懂得俯視觀察自己。單單改變觀點，就能從容以對。

總是覺得自己孤零零的人，不妨偶爾和人聊聊，製造外出的機會，抒發累積的孤獨情緒。人類的溫暖能撫慰心靈，避免心累。與他人共處，或是一直獨處，都可能促使內心成為一灘死水。

懂得享受獨自行動的人，能「既能獨處，也能成為團體的一份子」，在兩者之間自由來回。

# 43

# 不再嫉妒與競爭，人生輕鬆無比

## ——既然要比較，就找有意義的對象來比較。

接受孤獨的人基本上會將他人與自己分割，「別人是別人，我是我」，「我走我的路」。因此，他們不會與他人競爭，也不會感到嫉妒。

無法承受孤獨的人則總是與他人比較，因為「我不像誰誰誰那麼好」或「大家都瞧不起我」而感到沮喪；擔心自己相較於他人，「不是在大企業工作，領不了那麼多年金，該怎麼辦？」而產生不安。

在社群媒體上看到貌似幸福的人而感到嫉妒，這也是源於「比較」心態，認為只有別人獲得幸福，自己卻吃了虧，忍不住與他人比較，「想要確認自己的價值」的心理。然而，以相對的方式評價自己其實並沒有意義。即便當下覺得自己高人一等，屬於人生勝利組，卻始終無法安心，因為——一山還有一山高。

**接受孤獨的人不會在意他人怎麼想，而是依據自己內心的準則來決定「我覺得好就好」，因此總是心平氣和。**

我在二十多歲時也曾經因為比較心理而屢屢受傷，因此常常安慰自己「別人是別人，我是我」。看到貌似幸福的人時，我會真誠地稱讚對方：「真是太好了」、「好厲害」、「恭喜你」。這樣一來，比較心理便消失，也不再嫉妒對方。

我給自己設定的另一個規定是「既然要比較，就找有意義的對象」。看到努力不懈的朋友，會激勵自己「我也要努力」；遇到值得尊敬的人，則把對方視為榜樣，「我想變得像對方一樣，還有很多發展空間」。把對方當作能量的來源，這樣的比較才有意義。

「勝負」這種幻想的競爭毫無意義。

我們無法變成其他人，反過來說，他人也無法模仿我們。在做決定時，不要考慮「他人如何看待自己」，而應以「我這麼做會喜歡自己嗎？」、「該怎麼做才會滿足」等「自己的標準」為依據。

# 44

# 學會掌握事物本質

## ——了解自己究竟「需要」什麼，自然不再浪費。

適應孤獨的人，比起在意他人，會花更多時間在自己的嗜好與感興趣的事物上，自然也更了解自己。

例如，對何種世界怦然心動，明白什麼樣的服飾與家飾適合自己，以及什麼書籍與電影能提振精神……因為了解能讓自己開心的方法，逐步建立起「自己的品味」。如果是真心想要的東西，無論花多少時間、金錢與力氣都想要；不需要的東西，即便免費也能乾脆拒絕。

不再隨波逐流，學會拒絕，生活頓時輕鬆起來。不再浪費時間在「好像哪裡不對勁」的思考上，活得更舒暢。

至於害怕孤獨的人，在「既然大家說好，我也好」、「跟大家做一樣的事就安心」的時候，就已經停止思考。某些成年人的主題樂園之行，大家打扮一致、為了上傳照片到社群媒體而去流行的地方，因電視節目介紹而大排長龍……，這些都是潛意識中「想成為群體的一份子」的表現（真正喜歡的人則是另一回事）。

**身處孤獨中仍能說「我不要」的人，才是真正成熟的人**。心靈幼稚者總是隨波逐流，打折時忍不住大買特買；家裡亂七八糟，堆滿東西，卻沒有一樣拆開來用……當然也有另一種可能，這種人或許只是生活繁忙，沒有足夠的獨處時間。

趁著孤獨時多方思考，自然能學會對社會抱持懷疑的眼光，不再對所有意見囫圇吞棗。

從「這真的是必要的嗎？」開始思考，看到電視節目推薦的商品時，發現「其實是在推銷吧？」；聽到身居高位者的發言，察覺「這番話怪怪的，背後或許有人在操縱」。

**孤獨的時間可以用來自行思考事物的本質**。思考的結果也將會成為生活的智慧，支持著我們。

# 45

# 孤獨的人更是帥氣有魅力

## ——積極走進孤獨的人充滿氣質。

在我心目中，「適合孤獨的人」不分男女。無論是一個人喝茶還是一個人散步，總是抬頭挺胸，從容優雅。他們能夠充分讚頌人生，這種心態從目光、表情、說話方式到服裝等外表都能散發出來。

心情愉悅，隱約透出一絲孤獨感。這一點也是魅力之一，這是「希望有人能一直陪我」、「希望能依賴他人」的人所缺乏的「氣質」。

我有幾個「適合孤獨的人」的範本。

有些人雖然喜歡和他人一起活動，卻同時秉持自己的思想，充分享受追求嗜好；有些人無論年紀多大，都勇於嘗試新事物；有些人擁有領袖個性，習慣完成自己應負的責任；工匠則致力於鑽研專業領域；作家與藝術家則創作打動人心的作品……這些人都是生活在孤獨之中。

**「孤獨」的人看起來究竟是充滿魅力還是寂寞可憐，差別在於他們是否積極活在孤獨當中，還是不得已而忍受孤獨。**

我有位女性朋友在二十六年前拎著一個行李箱離開日本，赤手空拳打造自己的事業，賺取大筆金錢。成功背後必然有超乎外人想像的孤獨，但她卻從未抱怨，每天都開開心心地過日子，為他人付出……她的身影實在帥氣到令人屏息。

無論已婚與否，孤獨得很帥氣的男性都有「自己的想法」，卻又自由自在。他們懷抱遠大的夢想與目標，陶醉於自己想做的事情，可說是正面意義的「遊戲人間」。其中有些人散發著危險的魅力，女性若是不小心靠近，可能會嘗到孤獨的後果。但不可否認，這種人實在充滿魅力。

倘若立志成為「適應並享受孤獨的人」，我敢保證你會變得更成熟、更有魅力。

# 46

## 擴大行動範圍，建立自信

——「只有我一個人所以不去」的人生沒有自由。

最近，越來越多人大方地享受「單獨行動」。一個人行動輕便，不需要配合他人，想到就能行動，因此行動量大增，行動範圍也隨之擴大。

每個人都有自己「單獨行動」的嗜好。比起喝酒與美食，我更喜歡去溫泉、看電影與參觀美術館。最近還嘗試去看搞笑表演與演唱會。

出國旅行時，為了入住便宜的旅館，每天閒晃，幾乎只能獨自出門。在旅途中，我會與當地居民結為朋友，或與世界各地的朋友相聚。

以前我曾經找過旅伴，但發現要找到彼此都有空、意氣相投且金錢價值觀相似的人實在很困難。後來我開始選擇「一個人出門好了！」結果獨旅實在太舒服，久而久之便成為習慣。

老實說，有些地點確實不適合女性單獨前往，也曾遇到那種「真想找人一起來」的餐廳。但想到**無須在意任何人，可以隨心所欲地行動，單純以五感享受的喜悅時，孤獨根本不值得一提**。如此，獨自欣賞夕陽時，揪心的寂寞也充滿韻味。

有些人即使遇到有興趣的活動，仍會以獨自一人為藉口拒絕參加。但是這種做法會縮小活動範圍，導致在狹隘的人際關係中動彈不得。

有朋友抱怨：「丈夫退休後老是黏著我，真是煩死人。」隨著年齡增長，若不培養「應對孤獨的能力」，將來可會變得越來越難相處。

不擅長單獨行動的人通常也不擅長建立新關係，獨自一人時容易感到不安與心情惡劣。

在落得這番田地之前，建議大家以冒險的心情嘗試單獨行動，然後慢慢擴大活動範圍。一次之後，便能培養出自信，甚至對此上癮，人生想必能因此快樂上好幾倍。

# 47

# 更容易成長與成功

## ——只能靠自己想辦法解決的人會培養出無來由的自信。

人總是在孤獨時成長，因為被迫「只能靠我自己」。

**大家什麼時候會覺得「我當初真的竭盡全力了」、「我真的有所成長」呢？**我想應該是在準備考大學時，學習語言或其他技能，完成某個困難的工作，或是跑完馬拉松等邁向目標卻從未因孤獨而逃避的時候吧。

當然，有時候我們也會與他人一同成長，例如接受他人指導或與夥伴一起努力等等。但前提是每個人都全力以赴。

當真正重要的目標出現時，唯一的做法是獨自認真思考，反覆嘗試修正。如果此時逃避獨處，與他人混在一起，或忙著沉迷於社群媒體或打電動，之後或許會後悔「我那時候究竟在幹麼？」

在我三十五到四十歲時，我發揮了連自己都難以置信的能力。當時我心中有一股衝動：「我不希望人生就這樣結束！」這股衝動促使我前往東京，花了好幾年終於寫出出道作。儘管每天煩惱「我究竟能做到什麼地步？」、「究竟有什麼辦法？」卻仍然覺得「辛苦卻非常快樂」。

那時我下定決心「不要怪罪別人」。唯一能為孤獨的挑戰負責的只有自己。決定明確的目標後，便無法找藉口說：「因為那個人不肯幫我，所以做不到」、「因為我沒有才能所以做不到」。

不放棄，**堅信「只能靠我自己想辦法」的人，面對各種情況都能湧現無來由的自信，相信自己「一定做得到」**。這是因為我們的內心深處明白自己做過什麼，又沒做過什麼。

現在正處於孤獨中的人，可以說是獲得了「成長的機會」。但切記，真的太痛苦時，逃避也是保護自己的方法。

# 48

## 帶來機會

——看到獨自努力的人，總有人會給予機會。

**「機會之神」多半是在我們獨自行動時出現。**

有人會問：「要不要試試這份工作？」、「要不要見見那些人？」這表示有人對我的工作能力與性格有所「期待」。如果我的定位是「跟大家一樣，隨處可見的某人」，恐怕就不會有人對我有所期待。想要受到機會之神的眷顧，條件是把自己當作主角，向四周宣傳「我是這樣的人喔！」，同時秉持若機會來了就馬上把握的態度。

如今即便是公司員工，越來越多人重視「獨立行動」。因此獲得挖角，或累積實力與技術以便升遷。

另一方面，總是想著保護自己，「不要出問題就好」的人，即便能在現在的公司繼續待下去，將來也無處可去。

我還在公司上班時，也曾想過：「反正無論如何努力，升遷加薪跟大家也不會差多少」、「棒打出頭鳥，多做多錯，還是別多管閒事好」。但當我發現「公司不可能照顧我一輩子」，於是開始學習各種技術，從事副業等個人活動，這時開始有人找我做事。我持續全力以赴，回應外界的要求，才得以一路走到今天。重要的是什麼都試試看；比起自行挑選，首先要成為別人眼中的人選。

所謂「需要的人會在需要的時候出現」的吸引力現象，並不是運氣好或神明顯靈，而是把自己的頻率調整到「我正在做這些事」、「如果願意的話，我可以馬上行動」，於是出現了另一個頻率相同的人。

一開始就依賴別人的態度，沒有人會願意伸出援手。只有「靠自己」的人，才會遇到願意援助的「他人」。

# 49

# 浮現大量點子

## ——大腦在獨處時會更有效運作。

我認識的一位藝術家，連智慧型手機都沒有。

他的理由是：「我不想成為手機的奴隸，不想受到束縛，活得自由。」因為點子往往是在獨自思考，或是在散步發呆時突然靈光乍現的。

他的藝術作品總是異想天開，無論男女老少，看到的人都會露出笑容。這種獨特的創意源於他對多餘資訊的屏蔽，在孤獨中積累了大量徹底思考的時間。

我們經常會在獨處的時候湧現「對了，就是這樣！」、「我想到一個好點子！」、「想到了一句好話！」等靈感，這些靈感常常在洗澡、移動，或即將入睡的瞬間出現。

即使在無意識的狀態下，大腦也會進入「安全模式」，不斷尋找掛念的主題的答案。當一個人放鬆時，大腦會自動活化，整理過去進入大腦的資訊。就在一切運作順利的時候，便會輸出「點子」。

與他人相處或滑手機等時間，大腦則處於不斷輸入資訊的狀態。光是對外做出反應便已精疲力竭，無暇整理資訊。

人類最大的快樂在於自行悟出答案，而非模仿他人或全盤接受他人提供的答案。佛祖與哲學者之所以悟道，發明家之所以創造便利的工具，都是在孤獨的時間中不斷思考的結果。

**大腦總是不斷運作，希望讓主人幸福**。獨處是醞釀自己美感的時間。建議大家晚上放下手機，散步、發呆，或是打造一個能讓自己獨處的空間，為自己保留一些獨處的時間。

# 50

# 擴大視野

## ——正因為以「一個人」為單位，才能認識更多不同的人。

許多人認為「孤獨」是躲在家裡，不願與他人建立關係，或是過度堅持，因而只能活在自己的世界裡。然而，實際體驗後我發現，正因為孤獨，才促使我擴大視野，接觸更廣大的世界。

過去我參與援助開發中國家兒童的專案時，發現願意協助的人多半是喪偶的長者。

他們表示：「當我注意到人生所剩時間不多，思考『自己能做什麼』時，來參加這個專案。」這應該是因為他們想要尋找人生的志業，希望能為他人奉獻，最終發現能實現夢想的地方。

當人們隸屬於公司或家庭時，總是思考「自己能做什麼？」，尤其在需要擔負育兒或長照的重責時，根本沒有多餘的精力去思考其他事情。然而，當這些任務結束後，開始感到「自己不被需要」，連同可能性也隨之縮小。

**把視野擴大到「有些事情正因為一個人才能做」，便能發現還有許多可能性**。無論年齡多大，都能挑戰、學習與遊玩。

在思考未來人生時，容易著眼於所能獲得的事物：「我能拿到多少年金？」、「我能找到工作嗎？」但如果轉而思考「我能做什麼」，自然也會出現獲得的機會。

我希望為孤獨所苦的年輕人能抬起頭來，看看外面廣大的世界，思考「我能做些什麼？」有些長者光是有人聽他說話就很高興；參加新的學習團體或許能找到自己的歸屬；也許能認識興趣與問題意識相同的人。正因為是以「一個人」的身份，不僅能連結個人與個人，也能連結個人與集體，所能做到的事不可勝數。

# 51

# 變得真正溫柔

## ——孤獨的人不求回報，因此能充分給予。

想要變得真正溫柔，需要孤獨。

害怕獨自一人的人所做出的溫柔行為往往基於「依賴」。例如在職場上，對同一陣營的人溫柔讚美，伸出援手，對其他人卻不聞不問，這都是因為「害怕孤獨」。

孤獨的人不在乎派閥等問題，也不期待他人「會和自己做好朋友」，所以對誰都好。他們的付出不是「Give & Take」，而是全然的「Give & Give」，不求任何回報。因此不會感到「我明明為他做了○○，他卻沒有回報」或「明明可以表達更多謝意」等寂寞。

只要對方高興，只要解決對方的困擾，便已足夠。

我剛開始在報社工作時，經常因為文章中的錯誤而被女總編責罵。但有一次我惹出了一個大麻煩，激怒了廣告主，主管卻一句話也沒說，陪我一起去道歉。

於是我決定要成為像她這樣溫柔的人。溫柔不是單純地微笑說些順耳的話，而是為了促使對方成長而斥責，考量對方的心情而不說半句話，等待對方，與對方共鳴等等，這些都是一種溫柔。倘若真心為對方著想，有時甚至會特意拋下對方。

孤獨的人不會要求對方付出糾纏的溫柔。因此，**孤獨的人不是靠表面的言談與態度，而是深刻的情感與了解來交朋友**。

還有一種溫柔是「明白孤獨的寂寞」。看到寂寞或不安的人，會不禁為對方著想，深感心痛。悄悄協助對方也是一種真正的溫柔。我認為這是能消化孤獨的人才能創造出來的愛。

CHAPTER 4

# 享受孤獨的課程

無論是獨處還是群聚，懂得享受孤獨的人都能活得優雅。

52

# 建議每天召開「個人作戰會議」

——正因為是一個人，可以和自己對話，自行決定。

我認為「應對孤獨的能力」意味著「一個人也能開心享樂的能力」。像是獨自旅行、開心享受每天的生活，品味人生，挖掘樂趣與喜悅……正因為「基本上是一個人」，所以能自由行動，自由結交朋友，自由完成夢想。

為了讓大家明白「孤獨」是多麼美好且必要，第四章將提供大家一些享受孤獨的方法。

首先，第一建議是「每天召開個人作戰會議」。

如同一個人旅行時會思考「要去哪裡？」、「怎麼去？」，對於孤獨生活的人來說，「個人作戰會議」是決定行動的重要根據。

人生在世，難免有時會迷失自我，聽不見自己的心聲，不知道自己想去哪裡。這世上最會為自己著想的只有自己，因此必須認真和自己對話，找出自己的真心話，思考解決方法。

個人作戰會議沒有規則。即使沒有獨處的時間，通勤、洗澡或睡前也都可以。最好的時段是工作前與午後休息，利用十到十五分鐘。

順帶一提，我召開個人作戰會議時，基本上會思考兩件事：「我真正想要的是什麼？」、「為了達成目標，究竟該怎麼做？」**如同獨自旅行，決定要做什麼（WHAT）與方法（HOW），接下來是列出具體的待辦事項（TO DO），把該做的事排進每天的行程裡。**

從一整天的工作計畫到週末計畫、暑假旅行、學習語言與人生的長期目標等等，所有要領都相同。特別注意的是，會議上絕對不要進行自我反省。如果遇上挫折，隨口一句「我真是傻瓜」後，立刻思考下一步。

# 53

## 建議偶爾來個「迷你獨旅」

——著眼於各種事物，便能有所發現。

想要成為懂得享受孤獨的高手，最有效的課程應該是「迷你獨旅」。這堂課不僅適用於「一個人沒事做」、「沒人陪我玩好寂寞」等厭惡孤獨的人，也適合「偶爾想離開家庭」的人——如果無法外宿，到鄰鎮村莊走走、散散步，也能轉換心情。

**獨自旅行的魅力在於自由自在，從目的地、行程到變更預定都能隨心所欲**。例如，突然搭一早的新幹線，前往臨機一動而決定的地方。

無論是多麼意氣相投的朋友，和他人一起出門時，總會分心於聊天與調整腳步，因此忽略了許多事物。

我一方面因為時間與旁人搭不上，有時又想盡情拍照，所以幾乎都是一個人去旅行。在街頭雀躍地走著，發現有趣的招牌；在大自然中散步，注意到罕見的花朵。能夠注意到這些細節，都是因為我是一個人旅行。

用餐也是，我靠靈光一現來決定要走進哪家餐廳。盡情享受餐點的香氣、滋味與口感，還能想像餐點如何烹調，甚至直接詢問店家該如何料理。

在市場中一瞥當地居民的生活，模仿他們的購物方式；住在微奢的飯店，體驗不同於日常生活的感受；在可以欣賞夕陽染紅山脈景致的咖啡廳裡沉思……這些微不足道的情景，都是日後刻劃在腦海中的鮮明回憶。

因為不受束縛，如何享受完全取決於自己。

**獨自旅行是解開心靈枷鎖的旅程，是「認識自己」的過程**。發現自己喜歡什麼，待在哪裡感到舒服，或者不需要什麼。

旅途結束時，心靈應當會感到洗滌，自己也會變得堅強。只要有好奇心和一點行動力，任何人都能透過獨自旅行來促進自己的成長。

離開當前的環境，會讓你對日常的幸福有新的體會。
享受孤獨的「迷你獨旅」，建議大家不妨試試。

# 54

# 從日常生活中的偶然邂逅找樂子

——正因為是一個人，四處都是偶然的邂逅。

我這個人性格內向，稍顯消極，但自從開始獨自旅行後，開始主動搭話。曾因與旅途中偶遇的朋友重逢，或與隔壁座位的人聊天而使我的人生出現了巨大變化。

我常常心想：「如果現在不跟他說話，恐怕以後再也不會遇到這個人了。」

秉持這種心態，現在連平時的外出行程，我也會主動搭話。

老實說，我其實是比較容易被搭話的那一方。有一次演唱會正要開始，坐在旁邊的老太太覺得我很眼熟，向我搭話，「我們以前見過嗎？」一聊發現雙方很合得來，現在已成為互相在對方家留宿的朋友了。

正因為是一個人，才能把偶然的邂逅視為旅途的一部分來享受。如果身邊有旅伴，我大概不會主動去與人交談，也沒人會來向我搭話。不過，如果總是低頭盯著手機，散發出「不要跟我說話的氣息」，恐怕也不會有人靠近。

**我在日常生活中也經常主動搭話，遇到他人時也會主動交流，因為我會抬起頭，興致勃勃地探望四周，像是進行城市觀察，臆測那是什麼樣的人、正發生著什麼事情。**

例如，帶著小孩來公園的媽媽、咖啡廳經常遇到的店員、公寓管理員等等，我通常會微微一笑，向對方打招呼。如果對方也對我露出微笑，我則會試著隨意聊聊，例如「你的圍巾真好看」、「今天好多人」、「天氣真好」等等。如果對方沒有反應，也無需多加在意。

這些對話不必特意進行深入交流，只要當下大家開心就好。有時可能會獲得意想不到的資訊，或發生有趣的情況。

正因為是一個人，四處都是邂逅的機會，也更容易與對方成為好朋友。真正的孤獨不是躲在自己的殼裡，而是如同獨自旅行般去認識他人，走在自己的路上。「基本上是一個人」所帶來的好處不勝枚舉。

# 55

# 如同問路般向他人尋求協助

——我經常受到他人的幫助與邀約。

回顧過往，我真是受到了眾人的照顧，才能走到今天。

我剛到東京時，身邊一個朋友也沒有。在餐廳與我共桌的女性長者熱心地幫忙：「我可以把房子借給你住，不用給我房租。」打工的店家前輩則好心地分我一些熟食帶回家；在工作中認識的寫手也主動提出要介紹雜誌編輯給我。住在鄉下時，附近的老先生和老太太們從除草到修理房屋、製作儲糧，幫了我很多忙。

**這些朋友宛如神明，對我施以恩惠。他們或許是看到我「一個人很努力，所以想幫幫這個人」**，又或許是因為看到我吃苦頭，於是「看不下去」而溫柔地伸出援手。

因為我一個人獨自生活，大家時不時會邀請我去他們家吃飯，或是一起出去玩。不知不覺中，有些朋友甚至成為了家人。

有些人在結婚成家後仍能自由行動，但周遭的人難免會遲疑是否真的能邀約。如果問了對方卻聽到「我得問問我的另一半……」，那麼下一次可能就不好意思再開口了。

大家之所以伸出援手，不是因為我是「女性」或是我「擅長社交」。無關乎男性或女性，即便是內向的人，許多人在生活中也受到周遭的人的幫忙。

這類人的共通點在於，當受到好意時，會坦率地表達喜悅與謝意。雖然有時也會回報一點心意，送上小小的謝禮，但大多數的情況下，只要客氣地表達感謝與歡喜，對方就會非常高興。

不需要是朋友、親戚或鄰居等關係，而是以問路的輕鬆心態來請求他人幫忙，或是協助他人。因為沒有預設某種期待的負擔，所以容易開口，當下道謝後便能爽快結束。

面對周遭的好意，抱持「恭敬不如從命」的態度，也是接受孤獨的人在社會上生存的一種方法。

# 56

## 不再只求助朋友與家人，建立各種類型的「援助者」

——建立大量仰賴的對象，每個人拜託一點事。

一位離過婚的朋友曾說：「我已經不想再結婚了，但有個可以偶爾聊聊天的男朋友也不錯。另外，如果還有知識淵博、能教我很多事情的朋友，或是可以一起外食的老饕朋友，甚至是光讓人看著就覺得愉悅（長得漂亮、俊俏）的朋友，那就更棒了。」光靠一個人滿足所有需求是很困難的。如果能認識擁有不同優點的朋友，既能滿足各種需求，往來也會更加輕鬆。

因為這位朋友獨立自主，認為「有男朋友也好，沒有也沒關係」，所以才有這番領悟。由於她一開始就做好了可能遭到拒絕的心理準備，因此沒有顧忌、不用想太多，能夠輕鬆邀約或請求對方幫忙。

前一節提到「像問路般向他人尋求協助」，這意味著不是單方面等待對方釋放善意，而是必要時也能主動出擊，請求幫忙。

除了戀愛與休閒，**擁有許多可以「拜託小事」的朋友也是一種「獨立」**。所謂的小事包括打掃、教些烹飪技巧、提供電腦資訊的知識和建議，甚至是聊一聊便能讓人振作精神。

將所有需求都寄託在朋友與家人身上，對於彼此而言都是沉重的負擔，所能請求的事情也會受到限制。然而，點頭之交也能請教或拜託一些小事，必要時也可以上網詢問網友，或是付錢找專家來解決……只要有心解決，方法多得是。

有位熟人曾向我舉過一個例子：「拜託朋友來幫忙搬家，不但花了很多時間，還得請對方吃大餐，結果反而花更多錢。」有些事情還是交給專家比較好。

**在請求他人幫忙之前，必須先釐清哪些事情能自己做，哪些事情無法完成**。確定哪些事情無法自己來，就能清楚知道哪些事情需要交給他人協助，也更容易找到合適的幫手。

孤獨生活最快樂的地方就在於「能和許多人建立關係，獲得許多幫助」。所謂「孤獨很寂寞」根本是無稽之談。

# 57

## 就像分送花朵，讓大家都開心

——自然而然認識之後，便能輕鬆「分享」。

我要再三強調，孤獨並不是躲在自己的世界裡，拒絕與他人交流。正因為一個人，才能無拘無束地建立各式各樣的人際關係。由於不必拘泥於「一定得這樣做」，也沒有「希望對方和我當好朋友」的期盼，因此能夠與不同背景的人輕鬆往來。如果覺得不喜歡了，拉開距離即可；也可以選擇不和任何人交流。

我因為常常搬家，在不同地方居住。每次搬家後都藉由與附近的蔬果行、咖啡廳、美容院、溫泉旅館和居酒屋的老闆、店員聊天，與他們混熟，所以到處都有認識的人。

有時我會主動分享一些東西給這些朋友們。而我最近在旅行的歸途中，順道去了一趟常去的溫泉旅館，送上一點伴手禮：「我看大家好像很忙，送點東西來給大家吃。」我這麼做並不是希望得到什麼回報，而是因為當下看到「如果能讓對方開心，我也會很高興」。

即便不期待回報，卻總有意想不到的回禮。從當季的水果到手工果醬、親手編的帽子和家具，應有盡有。收到之後，我又回禮，簡直像是以物易物。

交換的不僅限於物品。我喜歡拍照，會把一起分享的快樂時光拍下來或錄下來寄給對方，這也能讓對方感到高興。當對方遇到困難時，我也會聆聽、幫忙，提供資訊與介紹可能有用的人脈。**不過，伸出援手時必須注意對方的反應，以免流於雞婆。**

身為一個享受孤獨的人，我始終謹記「當場忘記自己所給的，一輩子不忘他人所給的」。就這樣不知不覺，周遭的人就像支持者一樣，默默地援助著我。

# 58

## 利用「推活」滋潤人生

——正因為是一個人，來場微單戀吧。

四、五十歲女性的熱門話題是「我推」。這原本是偶像御宅族之間的說法，源自「推員（最推薦的成員）」。現在已經不僅用在偶像，還擴大到演員、運動選手與YouTuber等人。從「追音樂劇演員是我的心靈支柱」、「每天晚上看韓國偶像的影片最療癒」等發言可以看出，「我推」是大家活力的來源。看到有人挑戰，任誰都想為他加油吧！

看到自己支持的對象活躍的模樣，讓人高興得像是自己也在成長。進行「推活」就像是在談虛擬戀愛。因為是單方面喜歡對方，所以不需要擔心受傷害。對於現實生活中不需要伴侶的人而言，推活為生活增添色彩；對於有伴侶的人來說，則可以喚醒戀愛的心情，為現實生活的關係帶來良性刺激。

**除了喜歡不同環境的人，我還推薦「現實生活的推活」——小小單戀，悄悄為他們加油。**例如常去的咖啡廳的店員、健身房的教練、經常來公司的外送員、才藝班的老師等等。即便只是在心裡偷偷想著對方「好帥」、「感覺不錯」、「有點喜歡」，心情也會因此開朗起來。由於這是隱藏在心裡的單戀，不會期待對方有所回應，因此喜歡誰都可以。

看到朋友為了夢想而奮鬥，口頭表達對他們的打氣，有時還會稍微做出實際行動，所以當對方成長活躍時，我會更加高興。對於為受災戶舉辦慈善活動的年輕人，以及一直無法出頭的陶藝家等人，我會默默為他們加油。看到朝著夢想邁進的人，既能帶來良性刺激，還能讓自己振作精神。

正因為過著孤獨的生活，才能跨越家庭與公司的界限，面對整個社會，為那些閃閃發光的人加油與投注情感時，更是心花怒放。

# 59

## 培養「個人興趣」豐富孤獨的時間

——藉由培養興趣帶來快樂時光。

能否享受孤獨，端看是否有能徹底投入的興趣。

親戚家小學五年級的孩子因為罹患新冠肺炎，窩在兒童房裡與家人隔離。我問他是否感到寂寞，他卻告訴我：「一點也不會！我喜歡一個人，所以自己在房間裡畫畫、看漫畫、看YouTube，玩得很開心！」他平常就經常獨處，因此不僅沒有難過，反而好好享受了這段時間。

成年人也是如此。擁有能夠單獨進行的興趣，日常生活中經常感到滿足。興趣消弭了平常的壓力，促使當事人磨練自己，甚至因為太喜歡而將興趣化為工作，認識許多同好……興趣的效果實在不可勝數。無論是繁忙的年輕人還是有閒的長者，擁有興趣的人都精力充沛，充滿魅力。

然而，也有許多人「沒有稱得上是興趣的喜好」、「沒錢沒閒搞興趣」、「一個人打不起勁來」、「無法持續」。

大家不需要把興趣想得那麼嚴肅。可以列出有點興趣的事情，試試看每一件事。嘗試各種新經驗也是一種樂趣。**嘗試不需要有成果，也不需要持續，只要朝有意思的方向前進，總有一天能找到覺得有趣又想做的事。**

如果想提高發現的精準度，可以思考「自己現在對什麼怦然心動」、「我是否能沉迷於這件事？」這樣更能找到能夠全心投入的事物。

在尋找過程中，必須留意不要追逐流行，而是選擇「自己真正能沉迷的事物」。

我有些朋友的興趣很特殊，例如去法院旁聽審判、雕刻佛像，以及參觀酒廠等等。儘管他們的興趣不被大眾理解，但每個人都喜孜孜地享受著，甚至引發很多人的好奇心。

興趣無需限於一種，或是潛心鑽研一種也行，膩了就停下來。如果感覺自己有進步，玩起來更有意思，心靈也會更加充實。

希望大家都能找到讓生活更有意思的興趣，為一個人的時間增添樂趣。

# 60

# 利用孤獨的時間學習

## ——成熟的人更能單純享受學習的樂趣。

正因為是成年人，想要栽培自己、享受人生，更需要學習。我發現可以藉由學習將孤獨化為夥伴。

簡單來說，孤獨的時候，學習的進度往往更好。

學習大致可分為工作相關的學習，以及興趣、素養方面。前者是所謂的「投資自己」，包括取得證照與提升技能，詳情留待下一章說明。本節推薦的是後者，即享受學習新知與促進自己成長的學習。

我四十多歲時曾前往台灣留學，就讀當地的研究所，同時自學心理學與語言。成年人回頭學習實在非常有趣。就像口渴時喝水，知識在「想知道」的時候流進大腦，加上原本累積的經驗，點與點連成線，進而形成面，過去的疑惑瞬間恍然大悟。

隨著年齡增長，許多人不僅感受不到自己的成長，甚至覺得自己在衰退。因此，**培養熟悉的專長，看到自己的進步實在令人高興，這也能帶來自信與生命的意義**。

比起兒童，成年人更能感受到單純學習的喜悅。尤其是那些認為自己「記憶力變差」或「這把年紀不想丟臉」的人，我希望大家不要和他人比較，以自己的速度學習，體驗自己進步的喜悅。

建議大家在選擇學習領域時，可以用「我想要過什麼樣的人生」做考量。如果是以提升自己做為目標，那麼可以選擇的就是五花八門多樣了。現代人非常幸運，即便無法前往學校或教室，也能透過網路、書籍與請教他人等方式來學習。

深入學習世界情勢，了解大自然的變化，剖析人類心理、文學、歷史與藝術等領域，多學習人生將愈發有趣，聊天時也更有深度。

既然要學，就從有興趣的事物開始著手，興奮雀躍地學習吧！所謂活到老，學到老。

# 61

# 「自我保養」，修復身心

——準備多種方法來支持自己吧。

身心健康是萬事的基礎。有些人因為工作與家事忙得團團轉，體貼別人卻未察覺自己已累積了許多疲勞與壓力。疲憊日積月累，逐漸變得容易煩躁、悶悶不樂……為了避免陷入這種狀態，每天應當撥出一點時間觀察自己的身心，進行「自我保養」。

**「自我保養」是自己照顧自己，確保時時健康有活力。**

大家或多或少都有一些照顧身體的小訣竅，例如每天一定要睡飽、為了消除壓力要做某些事情、早上散步、工作前冥想、吃飯只吃八分飽、做伸展運動、保持身體溫暖等等。

我的健康維持方法是每天一起床便立刻量體重。光是確認體重的增減，便能自然地提醒自己「今天要少吃一點」、「今天要運動，不能偷懶」。此外，泡澡時檢視全身，細細按摩，感謝自己的身體：「今天辛苦了，明天也要拜託你了。」展現了我對自己的重視。

除此之外，不妨多留心日常生活中有哪些事情能讓心情愉悅、提振心情。例如喜歡的音樂、書籍與咖啡、氣味芬芳的護手霜、當季的花卉、泡澡鹽與香氛……有些人靠穿著與配件來提升心情，有些人則依賴汽車或自行車讓自己振奮。

**擁有多種「感到幸福的要素」可以減少煩躁不安與悶悶不樂的次數。**如果缺乏興趣與學習等支持自己的元素，就容易依賴他人，或是透過喝酒、購物與賭博等方式來紓壓，進而導致成癮。

無論是在家裡還是獨處時，養成習慣做些照顧自己或讓自己心情愉快的事情，自然能培養出迅速恢復身心的能力。

# 62

## 無論是一個人還是有家庭，都建議「自己做菜」

——多添一點菜色，拒絕單調的餐桌。

無論是一個人住還是與家人同住，我都覺得至少都要會基本的烹飪能力，能做一些簡單的菜。

飲食是生活的基本，也是保護自己的手段。一個人住時，自己下廚與依賴外食的生活品質是截然不同的。

即便是簡單的料理，思考過營養均衡的熱騰騰菜色——好好裝盤——懷抱感恩的心情吃下肚，心靈瞬間便能獲得滿足。

有些人因為父母或伴侶會做飯，便把做菜的差事都交給對方。先不論掃除與洗衣，會一點煮菜的技能還是比較好。常常聽到的笑話是，太太生病休息，先生回家的第一句話卻是「我的晚餐呢？」這雖然聽起來有些可笑，但卻經常發生。

自己煮飯是生活的基礎。那些說自己「不會煮飯」的人，大都是覺得煮飯麻煩罷了。熟悉之後，會發現煮一碗味噌湯連十分鐘都不用。一旦發現自己能煮出好吃的菜，許多人便會因此迷上烹飪。

若想要根據自己的健康狀況與活動來調整飲食，就更不能把煮飯的重責大任交給別人。

自從我遵循料理研究家的朋友的建議，固定每天煮飯的模式之後，準備三餐的時間大幅縮短。**使用新鮮的蔬菜，簡單烹飪，也能做出美味的菜餚。**

此外，如果學會一、兩道拿手菜，客人來訪時也會很方便；去參加家庭聚會時，還能帶去與大家分享。

人生在世，吃飯是必需的。既然要吃飯，當然希望能吃得好。觀賞烹飪節目與影片也是良性刺激。希望大家能好好洗腦自己：「煮飯有趣、好玩又好吃」，讓餐桌變得更豐富。

# 63

## 享受孤獨的人如何找到生命意義

——隨心所欲地做喜歡的事，並且樂在其中。

現在是「人生百年」的時代。有時會聽到即將退休的人抱怨：「我找不到人生的目標。」有些年輕人則無法從工作中找到成就感，對結婚與戀愛也不太有興趣，疑惑「生命的意義是什麼？」。

有間大學的研究發現，年收入高且有伴侶的人多半懷有生活的目標，透過與社會的連結感受到幸福。然而，我認為生存的理由、生命的價值並沒有那麼複雜。

或許是受到社會影響，很多人認為人生的目的是「必須對他人有所貢獻，獲得眾人認同」。但或許也正因為如此，而迷失方向，不知道自己做什麼才會快樂。

**「生命的意義*」不過就是讓生活變得更快樂的事情，是那種光是想到便能為之一振的東西。它能在孤獨中找到。**如同小孩子在睡前笑咪咪地想著「今天在沙坑做城堡好開心，明天要做更大的城堡」。你的生命意義也可以是「獨自遊戲」啊。

無論是想釣上一整天的魚，或是沉迷於編織毛線，當然也有些人是透過工作、學習、運動或志工等活動來感受生命。充實生活的方式因人而異，如何決定則是個人的自由。

不受周遭壓力逼迫，在孤獨中隨心所欲做自己想做的事情，應當就是生活的動力。如果這些快樂的事情能夠帶給人們快樂，那就更具意義了！

生命充實並不是像喝提神飲料那樣，依賴外力獲得活力，而是源自於每天生活的滿足感。

若擁有這樣的生活目標，根本無暇感到寂寞。有生命意義的孤獨不僅快樂，還能為人生增添堅強與溫柔等深度。

＊編按：生きがい，Ikigai，一種生活哲學的詞彙，沒有明確的定義，可指人生的意義，亦指生活的價值。

CHAPTER 5

# 享受孤獨的人與無法承受孤獨的人

不需要堅忍不拔，當個瀟灑自在、心平氣和、靈機應變的人吧！

# 64

# 「應對孤獨的能力」正是快樂生活的能力

——享受孤獨就是掌握自我人生的主導權。

環顧四周，會發現有兩種人：享受孤獨的人與無法承受孤獨的人。可惜的是，後者通常較為多見。

兩者最明顯的相異之處在於，是自行選擇孤獨還是討厭孤獨。討厭孤獨的人因為不願忍受寂寞、邊緣化、不安與丟臉等不快的情緒，選擇與他人成群結隊，服從與配合他人，以此獲得安心感。

然而，最痛苦、難過、空虛的狀態莫過於「一群人當中的孤獨」。心靈因此遭到腐蝕與傷害。

有些人誤以為「孤獨一定不快樂」，拘泥於負面思考，動彈不得，導致他們無法獨立行動。那些獨處時無事可做，只能打電動或滑手機的人，或許也是在逃避孤獨。

隨著人際關係逐漸淡薄，無婚化與新冠疫情等社會情勢變化影響生活型態，幾乎所有人在生命的某個階段都必須獨處。

正因如此，被迫孤獨時，需要把忍耐孤獨轉換為一種積極享受孤獨的「應對孤獨的能力」——「有些事情只有在獨處時才能做到，難得有獨處的機會，應該好好享受這段時間！」有些力量在孤獨時才會湧現，有些喜悅在孤獨中才能體會，而所有人都具備感應這一切的能力，**「懂得享受孤獨的人才是真正的贏家」**。

享受孤獨就是掌握自己人生的主導權。這樣的人，能盡情享受想做的事情，即使一個人也不容易感到孤單。**自己便能滿足自己，不需依賴他人**。

在第五章中，我想和大家一同探討享受孤獨的人秉持何種心態，以及無法承受孤獨的人面臨了哪些課題。

# 65

## 打造可以「隨心所欲」生活的環境

——人生最奢侈的事情莫過於可以自由選擇「時間、地點與人際關係」。

對我而言，人生最大的喜樂莫過於盡情享受想做的事情。當我想做就想立刻行動，或是儘快投入。如果以「沒錢、沒閒」為理由拖延，到了最後便真的無法實現。

正因為明白自己的個性，我便開始「獨立生活」與「輕裝便行」，好隨時隨心所欲行動。

如果被某些事物束縛，便難以隨意行動。

例如，拘泥於「必須去公司上班」、「必須與家人在一起」、「必須獲得外界認可」、「必須買房子」、「必須一路存錢到老」等，這些思維往往讓人陷入無法自由自在的境地。

其實什麼都不做也無所謂，想做什麼都可以去做。

隨著年齡增長，越會被某些事物所束縛，加上擔心經濟與健康等問題，會覺得自己再也無法做任何事情。尤其是那些只在公司與住家之間往返的人，退休後失去歸屬感，容易陷入「無事可做」、「無人肯定」、「失去人際關係」的孤獨。有些人則因無法經濟獨立而受到外力限制。

正因如此，更需要早日打造可以隨心所欲生活的環境。**培養賺錢的手段，至少獲得最低限度的生活費；養成用少量金錢與物品就能生活的習慣；不畫地自限，儘量創造能自由選擇「時間、地點與人際關係」的環境**，建立可以獨自行動的自由，擴大人生的可能性。

人生的後半段總是逐漸「任性」。喜好與渴望日益清晰。想要滿足這些慾望，最好的方法就是獨自行動，建立以個人身份連結的人際關係，打造一個人也能盡情享受的狀態。

# 66

## 無法承受孤獨的人①
# 裝腔作勢的人

——原本是想保護自己，反而造成傷害。

能夠享受孤獨與無法承受孤獨的人，各自有其特性與行為模式。本節將介紹後者的模式以及如何保持心靈健康。

第一種無法承受孤獨的人是「裝腔作勢的人」。例如，明明沒有錢卻特意穿著昂貴的衣物，佩戴高價的飾品；在社群媒體上假裝生活奢華；炫耀頭銜與過去的成就；不懂裝懂等等。

浮誇與虛華只是為了掩飾自卑與缺乏自信。這些人覺得沒有人會理會真正的自己，因此選擇穿上名為「虛榮」的盔甲。

藉由裝腔作勢所建立的人際關係不過是膚淺的連結。這種關係因為無法打開心扉而孤獨，因為無法獲得對方的認同而孤獨，又因為感到真正的自己無用而孤獨……這些孤獨只會讓自己遍體鱗傷。

之所以裝腔作勢，有可能是因為自尊心強，不願意被視為「沒用的人」，最終陷入孤獨的深淵。而當遭到斥責或失敗時便一敗塗地，也是因為過度在意他人的評價。

**沒有奇怪的自尊心，能夠坦然接受批評的人，會出於誠實地認同自己的現況，而不會為了博取評價而偽裝自己。**

每個人或多或少都會期盼他人「覺得自己很棒」。

我當然也有這一面，所以我總是告訴自己別想太多，「別人沒有那麼在意我」。如果刻意掩飾自己的缺點，被揭穿後還被說「這其實又沒什麼大不了」──那豈不更丟臉。

提醒自己不要偽裝，以原本的面貌待人之後，我逐漸不再害怕他人，懂得包容他人的缺點與脆弱。改變之後，我所秉持的不是在意他人評價的「自尊」，而是無論他人如何看待，都能接受「原本的自己」的「自重」。

# 67

無法承受孤獨的人②

## 炫耀孤獨，沉浸在「悲劇主角」氣氛中的人

——要當就當「喜劇的主角」，笑著面對一切吧。

喜歡炫耀自己幸福的人容易深陷孤獨的深淵。相對而言，喜歡炫耀自己不幸，沉浸在「悲劇主角」氣氛中的人，也必須長期與孤獨奮戰。

有些人會邊哭邊傾訴悲慘的人生故事：「我曾經遭遇霸凌……」、「我交往的對象是個爛人……」、「公司不支付我的加班費……」。然而，這些人並不是真正活在悲慘的世界裡。

他們只是「希望有人關心我」、「希望有人安慰我」，因此創造出悲劇來，或是想卸責以正當化自己的行為。

隨著時間的推移，大家會逐漸厭倦這種「討拍狂」。當事人自然會覺得「大家都很冷漠，沒有人願意理解我」。若有人聽了這番哀嘆而表示同情，他們便會馬上黏上去，嚴重依賴對方。

我認為那些能將相當艱難的悲慘經驗當作笑話講述的人，十分了不起。他們分享自己的經歷時，彷彿是「喜劇的主角」。之所以能笑著訴說，是因為他們退後一步，以客觀的角度分析自己的情況，並且在精神上自立自強，不依賴他人。

**將乍看之下悲慘的經驗轉換為「笑話」，是因為他們的人生劇本前提是正面積極，「這種程度的小事不會造成不幸」、「即使到了這番田地，也還能挽回」。**

我之所以能享受貧困的生活，也是因為我相信自己不會窮一輩子。心中描繪著痛快的情節：「來想個一天用五百塊生活的方法吧！」、「去那種不需要花錢也能找到樂趣的地方」、「如果以後賺了錢，一定會很快樂吧！」只要全神貫注於如何解決現實問題，自然無暇感到寂寞。

究竟是誰能讓自己變得不幸，又是誰能為自己帶來幸福呢？

沒錯，幸與不幸，只有自己能決定。

# 68

無法承受孤獨的人③

## 什麼事都馬上說「我沒辦法」的人

——自行開拓人生，自然不會孤獨。

「我沒辦法當主管」、「那個人才華洋溢真好，我絕對做不到」、「這把年紀沒辦法挑戰新事物了」……有些人明明還未嘗試，就馬上認定自己「沒辦法」、「做不到」。

我認為他們不是做不到，而是當一個「做不到的人」比較舒服。將事情化為不可能的任務，便不需要去做；不去挑戰，自然不會受傷或受挫。

這類人很少挑戰，即便挑戰也是從一開始就認定自己做不到，因此失敗的機率很高。

不想做的事情的確不必勉強自己去做，但若連有興趣或是學會後應該會很有意思的事情也立刻認定自己「沒辦法」，未免也太無趣了。

認定「我沒辦法」的人害怕變化，容易窩居在狹隘的世界。由於消極被動，容易產生不滿，陷入孤獨。

**反之，認為自己或許能做到並勇以挑戰的人，則積極忙於挑戰，無暇感到寂寞**。由於想試試便立即行動，即使結果不如預期也不會後悔。

我有位女性朋友，精通多國語言，並不斷挑戰自己，陸續擔任過大學講師、日式點心師傅與服裝採購等職業。前幾天，她又挑戰重新房屋翻修，獨自為十坪大的房間天花板和牆壁塗油漆。

她說：「過程中當然有辛苦的時候，但完成時心花怒放。看到房子逐漸接近理想的模樣，實在很開心。」由於總是樂於挑戰，身邊自然出現協助者，因此她從來不曾感到「寂寞」。

相信自己並著手挑戰是至高無上的喜悅。大家不妨告訴自己「我或許能做到」，從簡單的事情開始挑戰。

# 69

## 無法承受孤獨的人④
# 老是聊閒話的人

——經常以個人身份行動，自然不再在意他人。

有些人給人的感覺是「這個人常常在說閒話」。例如，有些男性主管聊天的話題是「聽說那家公司的老闆又換車了」、「那個名人是我大學同學……」，有些女性則是談論「誰誰誰的兒子聽說念那家大學」、「誰誰誰明年好像要退休了」等私事，甚至還會說起壞話。

我想知道的是眼前這個人的故事，又或者明明問的是「你現在對什麼有興趣？」、「你對那件事情有什麼想法？」結果話題卻常常轉向八卦——好吧，從樂觀的角度看，對方或許是出於服務精神來提供資訊……

這些人的腦海中總是充斥著周遭的人際關係，即便不自覺，也會習慣於確認自己在人際關係中的位置。自我價值也依賴與周圍的關係和評價——恐怕經常覺得自己低人一等，或是無法融入。

另外有些人，即使處於相同環境，卻幾乎不說閒話。他們認為專注在自己身上即可，對他人的事情絲毫不感興趣。

我在前一本著作《五十花正開：五十八則不惑解方，下半場就來遊戲人間吧！》（中文版由遠流出版）提到「五十歲之後，最好不要以組織的身份，而是以『個人身份』來交朋友」。結果收到了讀者來信：

「我以前在大學附屬醫院工作，厭倦了醫院裡的派系鬥爭與小心翼翼的階級關係，現在在山中小村當醫生。以『個人身份』（做為一個平凡人）去釣魚，或是參加村裡的慶典，整個人都放鬆了下來，過得舒適愜意。」

**當以「個人身份」、單純做為一普通人的行動時間增加，或是身處沒**

**有階級的環境，自然不再需要察言觀色。**

倘若想聊閒話，不妨老實承認自己當下就是在意他人，「對，這確實很讓人好奇……」，然後告訴自己「那又跟我有什麼關係呢？」自然能輕易放下，讓自己輕鬆。

# 70

## 無法承受孤獨的人⑤
# 隨波逐流的人

——不是「不察言觀色」，而是「察言觀色後自行決定如何行動」。

有些年輕人表示「察言觀色好累，最後我決定躲在自己的殼裡。」他的煩惱是「公司會議上不能說錯話；主管心情不好時不能搭話；聚餐時無聊也要配合，要是氣氛好還得去續攤……一直察言觀色，整個人精疲力竭。故意無視氣氛可能還比較輕鬆」。

即便想要「無視氣氛」，還是會不自覺地察言觀色。我也是習慣察言觀色的個性，非常理解這種勞心費力的心情。

但是真正孤獨的人**不是「無視氣氛」，而是「察言觀色後自行決定是否配合」**。

相較之下，無法承受孤獨的人則是「察言觀色後隨波逐流」。孤獨的人即使在會議上只有自己一個人意見相左，仍舊會在認為應當發言時表達意見。長官心情欠佳時，通常會讓長官自己靜一靜，但迫切時還是會簡短地請長官做決定。

聚餐時覺得無聊則改變話題；炒熱氣氛後要續攤時，想去就去，不想去就回家……這一切都是**以自己的心情與情況為基準來判斷**。

如果忍耐或勉強自己配合，總有一天會因為壓力而累垮。而抱持著負面情緒往來，對對方也很失禮。

「察言觀色」正面看待是體貼用心，但察言觀色也有可能判斷錯誤，重要的是不要過於自信，保持謹慎。

察言觀色的同時堅持做自己是件孤獨的事，有時候需要勇氣。然而生活的基礎是「了解對方與自己，自行決定」。我相信這是勝率最高，也最能滿足自我的做法。

# 71

## 無法承受孤獨的人⑥
# 期待他人懂自己的人

### ——「他都不懂我」——問題在於不開口的那一方。

不分男女，有些人總認為「對方應該會為我做」、「這點事情不用講也知道吧！」當對方沒有察覺自己的需求時，便心生不滿。

這種人擅自期待大家都要懂他，需求未獲滿足時又對他人失望。這種人內心常常寂寞，煩躁不安。

他們習慣把責任強加在他人身上，抱怨：「為什麼不懂我？」然而「不懂」的責任在於不說出口的那一方。

以工作為例，有些人抱怨「明明我身體不舒服，主管還指派我做新的業務」。但照顧身體是自己的責任，不告知主管「我身體不舒服，請不要再指派我工作了」，主管怎麼會懂呢？

最近，大家習慣用智慧型手機來傳訊息聯絡，溝通方式以文字為主，較難察覺對方文字背後的所思所想。不少人因此感到孤獨。

一位女性在單身聯誼活動中認識對象，希望對方主動邀約自己，於是鼓起勇氣告訴對方：「我明天休假」。結果對方只說了一句「那真是太好了」，就再也沒反應。她原本惴惴不安，擔心對方躲避自己，後來逐漸生起氣來：「男生應該要主動約女生啊！」

女方之所以採取這種省略的溝通方式，其實是害怕遭到拒絕。但如果不主動詢問對方：「我明天休假，要不要一起出門走走？」對方根本無法了解她的真正意圖。**通訊軟體裡的文字交流缺乏表情與聲音，只能依靠想像，揣測對方看到訊息時的想法，根本無法仔細傳達意圖**。

「男人（女人）就該這麼做」、「主管就該這麼做」等這樣的偏見，也是導致自己感到寂寞的主因。事實上，「一種米養百種人」，不預設立場，面對任何情況都能處之泰然。

許多人似乎誤以為越是同事、家人與情侶等密切的關係，越是「不用說，對方也會懂」。結果因此焦躁不快，引來許多爭執。溝通時不可以偷懶，必須站在對方的立場思考，檢討「是否好好告知了自己的想法」。

# 72

## 無法承受孤獨的人⑦
# 深受資訊影響，大驚小怪的人
## ——孤獨的人明白「不會發生那麼誇張的事情」。

無法承受孤獨的人往往在未經思考下便全盤接受媒體的報導與他人的發言，自己嚇自己。由於害怕被排除在外，因為「老了沒錢很悲慘」、「沒有家人朋友會孤零零地死在家裡」等資訊而大驚小怪。

風險管理相當重要，但若將程度是「一」左右的風險當作「十」的大事，結果只是自己嚇自己，無法採取妥善的行動。

不怕孤獨的人在「接收資訊」與「採取行動」之間，還有「自行思考」這個步驟。他們不會因為受到情緒左右而大驚小怪，而是瞬間啟動「另一個自己」：「等一下，發布這個資訊的人是否有別的意圖？」、「我真的需要這個資訊嗎？」在行動之前先行思考，判斷與行動都會更為適當。

**不怕孤獨的人看起來沉穩冷靜，是因為他們反覆獨立思考之後，能理解與判斷「資訊不見得正確」、「不會發生那麼糟糕的事」。**

另外，被網路上那些假消息，例如「一個月賺一百萬！」、「輕鬆瘦下十公斤！」等手法所欺騙的人，往往也是無法客觀思考的人，因此容易遭到狡猾騙子敲詐。這種人也常常因為「專家這麼說」、「網路上說這個很受歡迎」而盲目跟隨。

懷疑資訊，俯瞰全貌，同時仔細調查相反及多種來源的資訊等等，都是重要的。千萬不要過於相信單一來源的資訊。

**自己能夠獨立思考才能負起「掌握自己人生」的責任。為了不輕易陷入不幸，我們都應當好好磨練「知性」。**

# 73

享受孤獨的人的想法①

## 「適度」享受「喜歡的事」

——不克制慾望會導致不幸。

相信在閱讀前幾段後，大家應該明白「無法承受孤獨的人」為了逃避寂寞與不安而執著於其他事物，結果反而更加孤獨……接下來要介紹的懂得享受孤獨的人每天在思考什麼，又實踐了哪些事情。

大家對於「享受孤獨」的印象可能是隨心所欲，只沉浸在喜歡的事物裡，其實這是大錯特錯。

以一位享受獨居生活的長者為例，他會為自己制定規則，生活有張有弛，充滿樂趣。

**自由不是「恣意妄為」，而是「自律有度」。**

「每天持續遵守自己訂立的規矩」出乎意料地困難。沒做到時不會挨罵，想偷懶就能偷懶。如果總是「我喜歡甜食，想吃多少就吃多少」、「賭多少錢都無所謂」、「愛買多少就買多少」等放任慾望，最終恐怕會落得窮途末路。

過著規律的生活並不容易。不過，我依然有一些「律己」的生活習慣。正因生活的基本是「喜歡的事」、「想做的事」，明白之後所期待的是興奮與喜悅，律己自然不算什麼。

關於律己的另一個注意事項是「適度」。例如，甜點不宜過量，一天吃一次就好；工作時保持一定的體力，以免疲憊不堪；喜歡獨處，但也重視與他人交際的時間；即使與朋友感情深厚，也不能忘記基本的禮貌……**持續喜愛某件事的秘訣在於不過多也不缺少，找到自己的「適度」**。

只有自由而缺乏自律，幸福便無從談起。正因為懂得「自律」，才能真正謳歌自由。

# 74

享受孤獨的人的想法②

## 比起「輕鬆」，更重視「享受」

——不快樂的事情做起來毫無意義，也無法長久。

享受孤獨的人秉持的心態是：無論何時，都要享受眼前的事物。換句話說，他們選擇做讓自己開心的事，或是在做的過程中尋找樂趣。即便是不得不履行的義務，他們也能自行發揮創意，從中發現快樂。

凡是出自內心「想做」的事，無論多麼辛苦都不會覺得在吃苦，孤獨與不安也會隨之消失。

在找工作、換工作或晚年工作的過程中，經常可以聽到一些聲音，譬如「錢多事少的工作最好」、「想要輕鬆又有頭銜的工作」。

老實說，我二十多歲時也曾這樣想。然而，輕鬆的工作，薪水自然不會高。當你選擇「輕鬆」的那一刻，便已經顯現出消極的態度，把實現自己的願望一事放在他人身上，也所以，感到「領不了高薪」、「沒人肯定我」的孤獨也就理所當然產生了。

我嘗試了五十種以上的工作後得出的結論是，拿起筆來便廢寢忘食的「寫作」，最適合我。早期在週刊擔任寫手時，薪水比基本時薪還要低，之所以能夠撐過那段日子，除了才能被需要外，更因為「做到想做的事」的滿足感，以及對未來的希望。另一方面，我也很享受寫作的過程。

最近，一位二十多歲的打工族朋友，準備開始挑戰「騎單車環遊世界」。他本來就很喜歡自行車，雖然自我成長也可以去找工作或留學等其他方式，但他想趁年輕，有體力和衝動、沒有家累顧忌，去做「只有現在才能做的事」。

**人類渴求的是有意義的工作，以及能夠獲得稱讚的工作。**這是以「輕鬆」為目標的人所無法得到的報酬。

昭和時代的作家兼僧侶今東光曾經說過：「人生在世不過是在前往黃泉之前打發時間。」難得來到這人世，不妨好好享受每一天，打發時間到臨終時覺得「真是太開心了！」

# 75

享受孤獨的人的想法③

# 以樂觀的態度看待「與他人不一樣」

——接納「每個人都不一樣」，自然能包容自己與他人。

當察覺「我雖然和大家不一樣，但正是不一樣才好」，孤獨的感覺自然消失。這是因為孤獨往往源自於「一定得跟大家一樣」、「一定得配合別人才行」的偏見，一旦破除偏見，自然海闊天空。

一位五十多歲的朋友告訴我，他去上英文課，發現除了自己以外的同學都是二十多歲。剛開始她感到彆扭，覺得自己記憶力又不如年輕人，甚至想過是否不去上課。

但是環顧四周，她發現其實大家都惴惴不安。身為全班年紀最大的學生，她主動跟大家搭話，進而照顧和鼓勵這些年齡比她輕的同學們，成為大家英文課的「媽媽」，同學們都很感謝他。

將思考的角度從「大家怎麼看待我這個不一樣的人」轉變為「跟大家不一樣的我可以做什麼」，所謂的「孤獨」立刻消失無蹤。

進入新環境，每個人都是不一樣的「新人」。若覺得自己不受接納，或許會緊張焦躁，認為非得趕快融入不可。

我建議大家不妨先好好享受「新人」的身份，假裝是偵探，探索新環境，試著去思考「這是什麼樣的世界呢？」、「有哪些成員呢？」、「大家彼此之間是什麼樣的關係呢？」

即便因為不懂的事情挨罵，落落大方地請對方指教即可。「新人」在學習新事物的階段也能感到快樂，不是嗎？

**懂得享受孤獨的人能把乍看之下似乎是「自卑」的差異，轉變為自己**

**的特色**。我有個朋友，因為家庭因素，學歷只有國中畢業。在這個時代，只有國中畢業的人很少見。然而他在大多數同事都是大學畢業的環境中，卻是業績第一名。大家對他讚譽有加：「做得好」、「你好努力，實在敬佩」。

承認「自己跟大家不一樣」，便能發現自己某些地方屬於弱勢，可能是長相、年齡、背景、性別認同、個性或興趣等。不過，自認的缺點，其實經常帶來正面的影響。而若能進一步也認為「每個人都不一樣」是理所當然，對自己與他人都能更為寬容，心境也就更輕鬆。

# 76

享受孤獨的人的想法④

## 人生不是「非黑即白」，無須萬事釐清

——「儘管有討厭的地方，但這個人並不討厭」——能這樣想，便有機會結識。

想要享受孤獨，關鍵是不要陷入「非黑即白」的思維。「非黑即白」意味著所有事情都以「好壞」、「敵我」、「好惡」二分法來判斷，不肯承認灰色地帶。

人類面對不懂的事物時，會想進一步了解，並且情感勝於思考。拘泥於二分法思考的人只要發現一件在意的事，便會開始幻想：「我明明這麼相信對方，未免也太過分」、「那個人一定討厭我」，將一切化為「黑

色」。這種做法容易讓自己掉入孤獨的深淵，生活得很辛苦。

轉換心態，以「萬事萬物都是灰色地帶也無所謂，不見得一定要以非黑即白的觀念判斷」來思考，應該能寬以待己也待人。

我即便看到他人討厭的地方，例如「說話方式討人厭」或「恣意妄為」，也不會直接討厭整個人。因為這世上沒有十全十美的人，一定有值得尊敬與喜歡的地方。

**想要享受孤獨，最好抱持寬大的心胸，對所有人都人情留一線，日後好相見。**更重要的是，不要樹敵。

「二分法的思考模式」有時也會用在組織或事物上。

有位男性依照公司規定，在一定年紀時從部長降為一般員工。他自從變成一般員工之後，陷入孤獨的泥沼，抱怨「公司很過分」、「沒有人需要我」，差點就要辭去工作。

這時候，他突然冷靜下來思考：「這樣也沒什麼不好吧！沒多少事情做還能一樣每個月領薪水，不是很好嗎？」於是決定在正式退休之前，做好找新工作的準備。

**摒除自己鑽牛角尖的想法，擺脫非黑即白的思維**。保持中立態度，抱持「凡事都有好的一面與壞的一面」、「沒人能預測未來的事」，或許有機會建立不錯的人際關係。

# 77

享受孤獨的人的想法⑤

## 比起安定，更享受臨機應變

——人生是沒有大綱的小說，專注於每一天，寫下情節。

我曾經和住在國外的寫手在線上閒聊。

十年前我們聊的話題多半如下：「日本人相信進公司就一輩子穩定，結了婚就一輩子穩定。相較於日本社會，其他國家有各種情況，可能失業，也可能離婚，訂定人生計畫時，只能預測多種情況，臨機應變。」

現在則是談論「日本之後究竟會變得怎樣呢？」自從經歷多次大地震與新冠疫情，就連外國人都感覺到日本社會已然改變。

思考十年之後、二十年之後，以及晚年生活，即便事前做好準備，也不可能事事盡如己意。這個時代就連大公司也可能突然倒閉，個人也極有可能遇上生病、意外與家人需要長期照護等情況。

思考可能的突發事故，即使無法準備周全，只要思考遇上時「自己能做什麼」來因應即可。大家不妨預測幾種情況，集中注意力，試著先以一年為單位去預想。到了下一年，自然會出現屆時的課題。

**沒有什麼好怕的。我經歷過好幾次失業與口袋空空仍舊活下來，發現只要不挑工作，天無絕人之路。就算沒有工作，還有社會福利與應急設施，不用擔心餓死。**

人生之所以有趣而非可怕，正是因為無法預測未來。與其重現已知情節的小說，倒不如雀躍地翻閱小說，隨著無法預測的故事一頁一頁地看下去——這不是更有意思嗎？

與久違的朋友見面，即使數年「沒變」，若超過十年，總會出現換工作、升遷、創業、結婚生子與疾病等變化。無論面臨任何變化都能樂觀以對的人，每天都在打造更美好的明天。

# 78

享受孤獨的人的想法⑥

## 想做的事就去做做看

——「人類不是靠頭腦，而是靠身體思考的生物」，藉由經驗磨練感性。

懂得享受孤獨的人，有興趣就會去「試試看」，因為他們明白這樣做能讓「自己最幸福」。

我想他們明白人類心裡真正想做的事並不是刻意揀選出來的，而是自然而然湧現力量，得以過著「節能」的生活。

反之，倘若是不想做的事，即便大家勸說做了比較好，他們仍然不會去做——因為沒興趣的事怎麼做也不可能順利。

我自己對於有興趣的工作、休閒、嗜好、旅行、留學以及在鄉下生活等等事情「什麼都試試看」，一路玩下來。

大家常說我「很有勇氣」，然而我之所以著手這些事情，都是出自內心的衝動，心底的聲音呼喊我不做不行。而且我發現只要踏出一步，自然會越做越起勁。

許多人無法踏出第一步，往往因為過於擔心之後的事，例如「會不會失敗？」、「是否能持續？」

**然而我認為失敗也是一種經歷，體驗過後，會成為生活所需的感性，甚至增加自信。**

我聽過有人說「人類不是靠頭腦，而是靠身體來思考」。舉例而言，透過篝火學到碰到火會燙傷的孩子，下一次就不會做危險的事。倘若學到用篝火烤魚很好吃，或許會記得那個味道，下次試著自己做做看。

懂得如何判斷「這個是否危險？」、「這是真貨還是假貨的味道？」、「什麼用起來才舒服？」、「對方是什麼樣的人？」都必須透過經驗來磨練「感性」。

尤其對於享受孤獨的人而言，可以說是一切都仰賴自己的感性。

前幾天，七十多歲的朋友說要出國半年，「先去夏威夷玩拖曳傘，然後再去亞歷桑納州，朋友請我當保母……」。他充滿行動力，「什麼都試試」的態度實在活力充沛，令人羨慕。我想，他不是因為精神奕奕才能做想做的事，而是因為總是做想做的事，所以精神奕奕。

# 79

享受孤獨的人的想法⑦

## 想要豐富的生活，就要投資自己

——不投資自己的人，代表不相信自己會成長。

我參加了一位尊敬的作家舉辦的講座，一名二十多歲的男性提問：「我現在開始為晚年生活存錢比較好嗎？」

老師的回答是：「說什麼傻話！與其把這兩萬塊存起來，不如每個月用來投資自己的成長，這樣有機會賺得比現在多上好幾倍。年輕時沒存款也無所謂，把錢都投資在自己身上。」

不斷成長並賺大錢的人，並非僅僅埋頭賺錢，而是從多方面來投資自己，包括考取證照、提升技能、學習語言、健身與美容等保養外表，以及各種體驗和閱讀。

在這個人生百年的時代，許多人得以有機會以「個人」的身份去接案工作。想要靠自己的資本賺錢，我深信必須活到老，學到老。

**我認為報酬率最高的投資方式是「從一開始便打造能夠成長的環境」**。無論是正職、副業還是志工，首先創造能夠輸出個人能力的環境，輸入的份量自然會隨之增加。

有位男子在美國學了兩年的英文，但會話程度卻未達理想。他回國後，以約聘的身份擔任口、筆譯的工作。經過幾年，他的英文會話能力突飛猛進；十年之後創業，薪水是原本的數十倍。

我在上和服著裝教室一年後，找到了幫人穿和服的著裝師工作，一邊從事著裝師的副業，一邊鍛鍊技巧。另外攝影師、編輯與寫手等工作，我也是直接去應徵，從中學習。

不只指賺錢的工作，諸如週末煮飯展現廚藝請人吃，舉辦繪畫或陶藝的個人展，開演奏會，參加馬拉松大賽，製作繪本送給托兒所等等，都是

「輸出」自己能力的機會。**與其改善自己不拿手的部分，不如將擅長的事情提升到能感動他人的程度。**

把「時間」投資在最能感受到成長的領域吧！

# 80

享受孤獨的人的想法⑧

## 比起「孤獨死」，更可怕的孤獨風險是什麼？

——這個時代正因為一個人也能生活，才會失去一些東西。

並非只有長者才會擔心「孤獨死」，據說最常使用確認安全的APP的人，是三十多歲的年輕人。我印象最深刻的是一位節目採訪中的年輕用戶，他表示：「我不需要伴侶與朋友，我唯一擔心的是萬一死了，好幾天才會被發現。」

然而，我不覺得「孤獨死」就一定是不幸。有些人覺得一個人生活很好，相信也有人覺得一個人死去無所謂。**「孤獨死＝不幸」這種觀念是一種負面的偏見。因為即使最後身邊無人送終，仍然會一個人離開人世。**

所以說，死後的事情交給還活著的人就好。如果擔心給人添麻煩，可以事先找好負責因應的人。

比起孤獨死，我認為活著的時候才會面臨真正的孤獨危機。

因為平常習慣自己隨心所欲，當問題出現時也「無人提醒」。倘若身邊的人願意提醒你「你做錯了」、「現在不能這樣說了」、「打扮成這樣也太奇怪了」，這是值得感激的。實際上，很多人發現問題卻不一定會說出來，只能在自己覺得不對勁時開口詢問。即便請對方不要客氣，如實告知，但是完全依賴他人來提醒自己錯處，實在很難。

因此，我們必須時時抱持危機感，接觸形形色色的事物，主動創造出能自我反省的機會，以培養自行察覺的能力。例如，我會主動和不同的人聊天，對象包括尊敬的前輩、小孩、年輕人到長者，應有盡有。從與不同背景的人交流，得到啟發並且發現問題，察覺誤會。

無論從事何種工作都能成長的人，總是時時刻刻抱持危機感，尋找自己的「需要改善之處」與「不足之處」。相較之下，沒有危機感的人甘於現狀，認為「自己這樣就可以了」實非明智——明明這種人最需要改善。

危機感是對自我的定期檢查，也是促進成長的契機。

# 81

享受孤獨的人的想法⑨

## 思考「最棒」與「最糟」的情況

——真正的避險是採取行動來避開不幸。

我在台灣留學時，與同學多次聊起日本社會的話題，得到的反映是「日本女性為了結婚和照顧小孩，辭去好不容易才找到的工作，實在難以置信！」

無論對方多麼有錢或多麼深愛自己，任誰都無法預測人生會發生什麼事。如果把一切都交給對方，極有可能雙方一起倒下。而無論是丈夫無法工作，或是因為離婚、丈夫過世而恢復單身，無法自力更生生活的人，就會陷入不幸。

當時我正在研究人生選項的風險，訪問了許多日本女性。到了四十多歲，大家通常都經歷過一些危機，但卻「沒想過會離婚」、「沒想過會生病」、「沒想到會被裁員」。但是在台灣人眼中，「這些事情是打從一開始就應該知道」。

真正的避險不是等到發生不幸後再來收拾殘局，而是從一開始便採取行動以免發生不幸。**如果想要珍惜自己的人生，負起責任，必須先行假設「最糟」的情況**。

做好準備，告訴自己「最糟不過如此」，沒關係，就勇往直前，面對工作、婚姻與一切挑戰。

每當我進入新的環境，總會在心中描繪「最棒的情況」，朝著想像邁進。但心中總有一個角落告訴自己：「即便失去一切，獨自一人也無妨。」這或許也是我總能放鬆，自由行動的理由。

另一個**「享受孤獨」的訣竅是掌握範圍**。

無論是喝酒、談戀愛還是賭博，懂得如何真正享受的人明白界線何在，不會放任自己沉迷。

基本上必須自己負責，因此行動必須控制在自己能夠負責的範圍內。例如創業時不借錢、不給人添麻煩、不誇大、不勉強等等。

事前預想「最棒」與「最糟」的情況，便能無所畏懼、勇往直前。

# 82

享受孤獨的人的想法⑩

# 無限擴大對自己的期許

——「想做的事能做到一半」便已足夠。

相信不少人在新年時，總會洋洋灑灑寫下「今年的目標」，但到了年底卻發現「其實只達成了一半」。

我也是如此。但能做到一半已經相當不錯了，不是嗎？如果「沒有夢想與希望」，恐怕一項目標也無法達成。

我認為在臨終前，「想做的事只做了一半，但過程實在很有意思」就已經足夠。夢想與目標的重點不在於達成與否，而是創造了「當下」。更動預定更是理所當然。

**目標是支撐自己走下去、每天過得雀躍歡喜的動力。即便生活孤獨，**

**仍然能沉醉其中，使痛苦與淚水也都有其意義。**

因此，我建議大家無限擴大對自己的期許。人的內心明白自己能做到什麼與做不到什麼。稍微認真想像可能做到的事情，便不再是無法完成的任務。

無法承受孤獨的人或許認為「不要太貪心，不要想太多，有節制的過日子就好。」這種人只是害怕全力以赴和失敗，實際上心裡明白自己是可以做到的。

不相信自己力量的人，往往夢想著「樂透中大獎」、「參加聯誼活動能找到理想的人」、「家人希望我賺更多錢」。期待他人能滿足自己的期待，卻不可能時時如願。

**儘管現在自己的力量還很微小，仍然相信自己的可能性，大步前進。如此一來，可能會驚訝於「原來我連這個都能做到」。**

正因為相信自己，遭到斥責後，無論結果好壞，都能對自己的成果感到滿意。「相信自己」這句話的暗示力量強大，讓「遊戲人間」的時間更加有趣。

# 83

享受孤獨的人的想法⑪

# 「一個人的樂趣」與「自己的美感」

——世上有許多能夠獨自享受的樂趣，只是你不去找而已。

我聽說獨居的長者是否活得精神奕奕，取決於他們是否能接受「獨處」並進而享受。無法接受的人則習慣與他人比較，例如「我以前是和家人同住」、「身邊的人明明很有錢」等等。

不僅是長者，有些年輕人若能視獨居為「奢侈的行為」，便能發現生活中充滿「可以當下享受的事」。例如依照自己的喜好決定家飾，聆聽能帶來快樂的音樂與讀書。

煮飯也可以是一種積極的挑戰，比如從「今天試著改變一下味道」到「挑戰新的菜色」。若失去幹勁，可以偶爾請人吃飯等方式來喚醒煮飯的樂趣。

即便有家庭，懂得如何享受獨處樂趣的人總是神采奕奕，更不用說對家庭與工作帶來的正面影響。

我坐在居酒屋的吧檯吃飯時，旁邊的年輕人低聲抱怨「一個人過日子沒什麼意思」。我聽了心中一驚。這或許是他的心聲，但樂趣這種東西不會從天而降，必須自行尋覓啊。

我記得有位八十多歲的男性表示：「我從一年前開始畫水彩，實在有趣得不得了。」我感覺懂得享受獨處的人都有「自己的美學」。美學是專屬自己的堅持，對自己的期盼。

**每個人都有自己對於一個人的「理想模樣」，例如「出門時要打扮」、「吃飯時要配紅酒，優雅的用餐」、「走路時抬頭挺胸」、「想要鑽研興趣」、「想對周遭的人有所貢獻，讓大家高興」**等等。這些人不想讓人覺得「一個人寂寞又可憐」，應該也不會這樣看待自己。

努力接近自己的理想，而非與他人比較，長期下來會累積為「應對孤獨的能力」，增強自信，並為此自豪。

CHAPTER 6

# 懂得享受孤獨的人際關係與無法承受孤獨的人際關係

發揮自己也促使對方發揮的人際關係。

# 84

## 正因為意識到前提是孤獨，更是積極與他人建立關係

——覺得「一個人也沒問題」，更能放鬆心情，輕鬆交際。

或許有些人對於「孤獨的人」的印象是陰沉寡默，莫名冷淡，總是與他人保持一定距離……

但本書提到的「享受孤獨的人」可不是這樣。

儘管每個人的個性不同，但這些人既能享受與人為伍，也能充滿愛心而樂於助人。他們了解與人為伍的歡樂與喜悅，也明白為了生存需要與他人建立關係。

我以自己是個「享受孤獨的人」自豪，因為部分時間與人為伍，獨處的時間反而更加愉快。不僅如此，想要獨立生活更需要他人的協助。自從

我踏上「靠寫作維生」的獨旅，許多人紛紛向我伸出援手。邂逅與分離的次數更是不計其數，比在公司上班時多得多。

可以說，因為想要獨處，所以一路上更積極與他人建立關係。

無法享受孤獨的人則是「討厭與他人建立關係」或「討厭一個人很寂寞」，或是兩者兼具。

對於這種人而言，網路和社群媒體是撫慰心靈的工具。輕鬆便能與他人交流。然而，如同海市蜃樓的溝通容易陷入過度的「幻想」，讓人忽喜忽憂，最終更加空虛。

第六章將分析「享受孤獨的人」與「無法享受孤獨的人」，讓我們一起探討這兩種族群究竟與何種他人建立何種關係吧！

**享受孤獨的人最大的特徵在於不「怕」人**。因為知道「一個人也能過得很好」，交際時無需特意配合討好。這種人能夠自由切換生活方式：想與人為伍時會去約人，想獨處時則營造自己的時間。

# 85

## 享受孤獨的人的「親密關係」與「依靠的對象」

——孤獨者的人際關係如同「君子之交，淡如水」。

我認為「有朋友很好，沒朋友也無所謂」。但實際上，我擁有親密的友人和可以依靠的對象。因此，只要放鬆做自己，不勉強自己配合他人，自然能遇上頻率相近、彼此了解的朋友。

這些朋友無論是否有家庭或性別，都是能適應喜愛孤獨的人。因為彼此自立，關係不會過於緊密。大家不會期待對方為自己做什麼，交往不考慮利益得失，而是基於「喜歡」和「在一起很開心」。在孤獨的情況下深入探討，與那些建立了屬於自己感性與價值觀的人交談，格外有趣，並引發深刻的共鳴。

有位朋友，我們不常聯絡，彼此有空時才見面，一年也不過才見幾次。但當我罹患較嚴重的疾病時，她設身處地為我調查疾病的相關資料，還帶我四處就醫。即使我認為「沒朋友也無所謂」，遇到這樣貼心的女性，仍然感動得落淚。原本壓抑在心中的情緒因為她而獲得解放。

雖然「一個人也沒問題」，但有能依靠的人當然更好。即便不是生病或遭遇天災人禍等緊急時刻，我們仍然需要他人的幫助或找人商量。

有些人「儘管朋友眾多，卻無人可依靠」。這或許是因為朋友太多，忙於社交，無法經營深入的信賴關係。**即便只有一兩個人，珍惜真正重要的朋友，比起廣泛的交際圈更為輕鬆安心。**

但無論交情多好，都不能將好意與要求強加於對方。重要的是不可以「親則生狎，近則不遜」。熱愛孤獨的人溫柔之處在於保持巧妙的距離感，避免造成對方與自己的負擔。請秉持「不忘對方所給予的恩惠，但要立刻忘記自己施予的恩惠」的心態，建立淡如水的信賴關係。

# 86

# 「不對抗，不屈服，不強迫」的心態

——無論打贏還是打輸，只要內心仍有厭惡的情緒便無法結束。

人際關係總會產生摩擦，例如意見不合、氣氛緊張，甚至雙方吵起來；或因嫉妒對方而互相扯後腿等等。

過去若遇到無法接受的情況，我常會挑戰上司，吵到自己精疲力竭。有時甚至花上一整天的時間和精力去思考如何對抗權勢霸凌的主管。人際關係明明只是工作的手段，我卻從早到晚都受到影響，導致與他人建立關係成為工作的目的。

多次對抗後我得出的結論是「不對抗」。

因為**「不對抗的那一方才是贏家」**。

無論是在職場、家庭還是社區管委會等人際關係中，想讓對方接納自己的意見時，與其反駁攻擊對方，不如讓對方成為自己陣線的成員。

這時候不是「情感」之戰，而是秉持「不對抗，不屈服，不強迫」的心態，運用「頭腦」來一較高下。無論打贏還是打輸，只要內心仍有厭惡的情緒便無法結束。若因此情緒化，還不如放棄對抗。

孫子兵法有言：「知己知彼，百戰百勝」。因此，第一步是客觀了解「對方想要什麼？」、「我又想要什麼？」接著考量情況，制定策略。

我的做法是在不重要的事情上讓步，妥協時也願意自己吃點虧。如此一來，對方就會在我「絕對不想退讓的部分」讓步。

對於活在孤獨中的人而言，真正的敵人不是對方，而是「厭惡對方的心情」。平常表達謝意與敬意，不會有壞處。

希望大家記得，在對立時，受到情緒左右的那一方是輸家。

# 87

## 無法承受孤獨的人的人際關係①

# 無法拒絕邀約和委託

——對方不會因為你拒絕而討厭你。

害怕孤獨的人的特徵之一是難以建立一對一的平等關係。以下列舉幾種典型的行為，其中最具代表性的是「無法拒絕」邀約和委託。

例如，有人邀請聚餐，即便感到不舒服，仍然覺得「難得對方邀請我，還是出席吧！」工作上有人來拜託，「對方似乎很苦惱」，因此無法拒絕。正因為這些人真誠又溫柔，總是忍不住想回應對方的期待……這種個性雖然有時會帶來正面影響，但即便犧牲自己也想回應對手的背後主因，可能是「不想起爭執」或「害怕被討厭」的恐懼。

能自在活在孤獨中的人認為「我不先獲得幸福，無法帶給他人幸福」。因此決定是與否的標準是我「想不想做」。畢竟「邀約」與「委託」是對方的提議，我們應該有選擇如何回答的權利。

不想參加聚餐時，就坦率拒絕吧。對方也是成年人，應該能理解。如果對方因此遠離，則代表這段關係不必繼續經營。

許多人誤以為拒絕會遭到對方討厭。**若對方真的因此而討厭，問題往往不在於拒絕本身，而是拒絕的方法有誤**。可以先表達感謝，感謝對方的邀約；其次展現貼心的一面，例如「下次我一定去！」、「下星期的話我就能參加」等等。這才是成熟大人的應有言行。

學會如何委婉拒絕，反而能建立坦誠的關係，加深彼此的友誼。

我過去也不善於拒絕。思考該拒絕還是該忍耐時，發現「拒絕只需一瞬間，而忍耐卻是無窮無盡」，於是開始學習「如何拒絕」。而自從我學會拒絕後，更能全心投入「真正優先的目標」。

# 88

## 無法承受孤獨的人的人際關係②

# 被討厭的人玩弄

——學會「課題分離」，面對所有人都能心平氣和。

我認為許多人苦於人際關係這件事，往往在於「不習慣孤獨」。被玩弄或許也是因為害怕獨處。

在職場遇到討厭的人，早上出門時心情一定很鬱悶。為了對方無關緊要的言行而煩躁、傷心或沮喪，晚上還會不斷回想白天的情況：「為什麼那個人要對我說那種話呢？」這代表已經完全受到對方左右。

其實，真正左右自己的不是那個「討厭的人」，而是你自己心裡預設「要是對方是個更好的人就好了」的期盼心理。會這樣認為，應該是內心設定「要是對方不是好人，自己也無法好好過」。

習慣且適應孤獨的人則會退一步想：「這世上也有這種人，不過與我無關」。因為將對方與自己切割開來，所以不會因此心煩氣躁。

**之所以受到對方左右，是因為沒有做好「分離的課題」**。讓我們稍微整理一下：

- **對方的課題（自己無法控制的事）**：對方必須負責的事情，包括對方的工作、目標、立場、價值觀、情感與人生等等。
- **自己的課題（自己可以控制的事）**：自己必須負責的事情，包括自己的工作、目標、立場、價值觀、情感與人生等等。

「對方說法很刻薄」、「對方事情做不好」是對方的課題，而「我受傷了」、「我很煩躁」則是自己的課題，可以自己解決。

總之，當下自己的情緒是自己可以立刻改變的問題。不是思考「不可以討厭對方」，而是接受「我很討厭對方」，接著思考如何解決自己的課題，例如「和對方保持距離」、「若無其事地與對方往來」等等。

我的做法是：無論對方多討厭，也要在他身上找到一個值得尊敬的特質，或者把對方當作負面教材等等。當養成「在內心消化解決」的習慣，之後無論遇上何種超乎想像的對手，都能心平氣和應對了。

# 89

## 無法承受孤獨的人的人際關係③

# 在公司與家庭找不到歸屬

——有時「獨自行動」也會找到有歸屬感的「居場所」。

有時會聽到「公司裡已經有小團體，無法加入，變成邊緣人」、「沒有人需要我，找不到歸屬」的聲音。

過去我曾有一陣子在東京都鬧區的咖啡廳寫作。到了晚上，咖啡廳裡擠滿了下班的上班族。他們看起來不像是在等人或念書，而只是待著，有些人甚至已經成為常客。

雖然我無法得知他們來到咖啡廳的真正目的，但總覺得聽到他們的心聲：「我在家裡和公司都缺乏歸屬感，所以才會來到這裡。」

**日文中的「居場所」，與立場、人際關係無關，而是心靈感到平靜、**

**獲得滿足，能夠鬆一口氣、待起來舒適的地方**。雖然它可能並不是棲身的最佳選擇，但有些人或許就是在「一個人待的咖啡廳」中找到歸屬感，又或是在小酒館的吧檯或網路裡找到歸屬。

「在公司沒有歸屬感」當然孤獨寂寞，但「在團體裡獨自一人」未必是壞事——公司不是交朋友的地方，只要做好自己的工作，「賺到足夠生活的薪水」也就夠了。

「在家裡沒有歸屬感」的男性相對看起來比較可憐。據說原因包括「家庭生活以子女為中心，沒有自己的時間」、「沒有自己（能獨處）的空間」、「像個入贅女婿，待得很彆扭」。

但這些都是現實生活中可以解決的問題。舉例來說，若感到寂寞是因為「沒有人給我歸屬感」。其實可以在當下的地點創造自己的時間與空間。而若感到被疏遠，就改變做法，不單純配合對方，而是主動提供「能為對方做到的事」。反過來為對方營造歸屬感，自己也會覺得舒服得多。

當然，一個人「獨自行動」也是一種創造歸屬感的方法。有位朋友會在下班後去寺院抄寫佛經，他表示這樣做之後「心情放鬆許多」，而且因為「很多人都會來抄寫佛經，讓他感覺不是只有自己一個人」。比起在咖啡廳打發時間，在寺院裡抄寫佛經或許更能滿足心靈。

# 90

## 無法承受孤獨的人的人際關係④

# 沒辦法和沒共鳴的人交朋友

——老是待在舒適圈裡，不會成長。

「我以為你會懂我。」

相信不少人應該被人說過這句話。

有位女子聽朋友抱怨工作上的事，她淡淡地說了一句：「你或許也有不對的地方……」對方聽了馬上生氣：「好過分！我以為你會懂我的！」、「我以為你站在我這邊！」結果連社群媒體都遭到封鎖。

遇上「你沒錯！」、「很好很好」等肯定自己的人，或是「我懂我懂」等共鳴的人，任誰都覺得舒服。但**如果只與溫柔接納自己的人交往，恐怕會把自己逼到孤獨的境地**。

在會議和洽商時遇到意見不合的情況是很正常的。相較於其他人際關係，我們更依賴家人與戀人，因此若遇上對方無法理解自己的情況，就容易感受到被背叛或流露攻擊的態度。

否定不同於自己的意見，容易樹敵。社群媒體便是此類關係的象徵。許多人因為同儕壓力而疲於使用社群媒體，例如沒人按讚便感到不安；遇上不同的意見，就遭到眾人紛紛攻擊。

無人理解，遭受批評，並不代表自己的一切遭到否定。習慣孤獨的人不會把事情想得太嚴重，最多只是覺得「對方大概不了解我」。無人了解對他來說並不會造成困擾，而是尊重「對方也有對方的想法」。

人類與「類似的人」藉由「共鳴」來建立關係是最舒服的，因此年齡、工作、婚姻、生活水準、價值觀與喜好相似的人往往會聚在一起。

但躲在狹隘的世界裡，是無法成長的。

**如果能有寬容的心態，接受「世上有各種人和各種意見，因此才有意思」，去接觸各式各樣的「不一樣」，互相學習，就能彌補彼此不足之處。**

「雖然沒人懂我，但我這樣也無所謂」——懂得秉持自己的信念並忍受些許孤獨的人，或許才是在孤獨中活得最自由的人。

# 91

## 無法承受孤獨的人的人際關係⑤
# 老是記恨
### ——在孤獨的狀態下也能消化怨恨。

人們似乎普遍認為女性較容易記恨。

最常聽到的情況是妻子每當想起過去的事情，就會攻擊丈夫：「你以前對我說過很過分的話」、「去年你也忘記我的生日了吧！」丈夫則會感到厭煩：「這麼久以前的事，你也該忘了吧！」

然而，我向一位從事心理諮商工作的朋友詢問後發現，男性也常因父母反對自己的人生計畫或過去遭受主管霸凌而滿心憤恨，甚至計畫報復。

怨恨是一種負面的記憶，其根源在於孤獨的感受：我希望對方能夠更重視我。這種心情的持續存在源自於人類的「回報規範」（norm of reciprocity）。情感越是強烈，回報的期望便越發強烈。

當對方做了讓自己高興的事情時，自然希望表達謝意或回禮；而當遭受傷害時，人類心理反應想要以報復來「回報」對方。突然回想起過去，想藉由一、兩句埋怨的話讓對方明白過去的錯誤，也是「回報」的一種形式。然而，無論是否報仇，只要還記得事發的那一天，怨恨的情緒便會一直存在。

有些人即使曾遭受嚴酷的對待，仍然能獨自消化怨恨的情緒。

我有一位朋友的丈夫外遇，她對我說：「我不想原諒他，但還是想跟他在一起，所以這次就裝作沒發現。」

我這位朋友並不是因為害怕孤獨而緊咬著這段關係不放，而是**思考自己的需求**，**分析考量為了達成這些需求該怎麼做**，**最終得出這個結論**。換句話說，她能控制自己當下的情緒，因此封印了「回報」，轉而要求丈夫帶她出國旅行，以此平復心情。

其實我也曾經遇到過對我非常過分的人，為此憤恨不已。但我透過回憶對方的優點等正面思考來消化心中的怨恨，現在甚至還能感謝對方。**將看待的方式轉換為「托對方的福」，便能改寫記憶**。

要活出屬於自己的人生，首先必須放下怨恨的情緒，擺脫對方的束縛。

# 92

# 人與環境都不是永恆不變

## ——勉強自己配合對方也是一種欺瞞。

我每隔幾年就會改變住處、工作型態與人際關係。這些改變並不是因為厭惡。我反而每每很捨不得與在短時間內建立良好關係的友人分開。然而，每當我想要試試自己的能耐，想要看看新的世界時，轉變的渴望便無法抑制。

即使現在的職場和人際關係很舒適，我仍然刻意離開舒適圈，以便進一步成長。儘管對方挽留我時，我也會不禁心想：「為什麼要離開這些好人呢？」、「我是不是太任性了？」然而，若想遵從自己的心聲，唯一的辦法是做好孤獨的心理準備。

只要活著，自己的慾望、周遭的人際關係與環境總是會發生變化，逐漸產生不同也是正常的。即使持續這種關係，彼此的視野與目標仍然會逐漸相異，開始矛盾。勉強自己配合對方，等於是在欺騙對方。

儘管是出自負面的理由，例如「輕視自己的公司」、「沒有共鳴的朋友」、「互相傷害的伴侶」，依然可以抱持正面的心態選擇離開。

**是否離開的標準在於「在這個環境中，是否喜歡自己？」**無論待得多麼舒適，若心生「不喜歡現在的自己」的感覺，則代表目前的人際關係與環境對自己已經不起任何功用了。也有一些即便是累到不行的工作，或是為了育兒與長照而吃盡苦頭等環境的情況下仍能喜歡自己。

因此，關鍵不在於「在哪裡輕鬆舒服」，而是「自己究竟想做什麼？」緣分並非永恆不變，唯有自己能讓自己幸福。

不過，離開時別忘了回報之前照顧過自己的人，退場也要優雅。至於目送的那一方，就以笑容歡送對方吧。

# 93

# I人也有屬於自己的交友方式

## ——發揮自己的特色來溝通吧。

有些人可能內向害羞，十分不擅長與他人聊天，於是想改變性格，覺得「一定要變得更開朗活潑」。

然而，內向的個性絕非一朝一夕就能改變，喜歡獨處並不是壞事。如果希望在公司不會遭到孤立，與大家交朋友，其實也有專屬於內向者的交友方法。

譬如「微笑＋打招呼＋聆聽」。其實這樣的溝通方式已經相當充分，我想大家身邊應該都有這種人——**安靜內向，不主動搭話，卻總是位於人群中心**。

這種人通常面帶微笑，沉默寡言，但一定會好好打招呼，並擅長聆聽他人的發言，認真附和回應。人們通常喜歡「聆聽自己發言，肯定自己的人」，遇上這種人也會產生興趣，珍惜對方。

內向的人無需積極交流，珍惜邂逅所認識的人，也能建立深厚的人際關係。若勉強自己主動出擊，反而可能因遭到冷漠對待而喪失自信，變得害怕與他人接觸……而遇上對自己有興趣的人時，既安心，也能敞開心房，開誠布公。

在職場上無需特意展現自我，秉持「做好工作」的心態即可。長期獨處的人往往鑽研興趣與知識至深，若能引起他人的興趣，別人也會方便開口搭話。

另外，我想補充一點，內向的I人最好與喜歡照顧人的歐吉桑和歐巴桑打好關係。他們通常會指導內向的人，安排合適的角色，並彌補溝通的不足之處。

# 94

# 女性有女性的孤獨

## ——女性作家的孤獨、女性管理階層的孤獨、家庭主婦的孤獨……

一位女性作家的朋友曾對我說：「我不想讓人看到自己披頭散髮寫作的可怕模樣，所以一個人也無所謂。在這種時候，我很羨慕男性作家，即便工作時邋邋遢遢，仍然會有女人覺得他帥氣。」

雖然我不想刻意區分男女，但這番話我深以為然。我和民間故事《白鶴報恩》裡的白鶴一樣，完全不想被任何人看到自己精疲力竭的模樣——這世上真的有伴侶會完全不在意這種事嗎？

以工作為優先的女性，有著不同於男性的孤獨。

相信其他立場的女性也有各自的孤獨。我詢問周遭的朋友，發現大家都很孤獨——包括女性主管的孤獨、偽單親的孤獨、單親媽媽的孤獨、家庭主婦的孤獨等等。

成為公司第一位女性管理階層的她告訴我：「成為主管當然很孤獨。必須做到和男人一樣的程度，甚至要比男人好上一倍以上才能獲得肯定，而且不能以家事和育兒當藉口。想看看我能做到什麼程度的不僅是男性，還包括女性，大家都不願意伸出援手……」

她最終領悟到自己無法以男性的方式工作，於是從「全心投入工作的職業婦女」轉變為「職場的母親」，例如提出男性無法察覺的點子，聆聽下屬的諮詢……慢慢發現適合自己的角色，工作起來更為輕鬆。

另外一位短期大學（類似台灣二專的兩年制大學）畢業後進入家庭的女性，在結婚二十五年後表示希望活出自我，提出離婚的請求。遲遲不肯答應的丈夫不解：「明明給妳穩定的生活，為什麼現在要離婚呢？」最後聽到理由後，終於接受了她的請求。

她說：「我因為盡到賢妻良母的責任而受到保護，卻與社會脫節。我不想在死前才後悔從未嘗試自己的能力在這個社會能做到什麼地步。」

家庭主婦也有家庭主婦的孤獨。**重要的是「無論何種立場都需要做好孤獨的心理準備，活出自我」**。但不需要對自己過度嚴苛，能拜託他人的地方就拜託他人，一定會有人伸出援手。

# 95

# 男性的背影看得見孤獨

## ——大家是否感覺到「男人就該……」的束縛呢？

一位女性朋友曾與我分享對丈夫與職場男性的感想：「男人的背影看起來好寂寞。女人辛苦的時候可以跟朋友吵吵鬧鬧，互相抱怨，抒發壓力；而男人卻無法表現脆弱的一面，只能獨自一人默默忍耐。雖然臉上帶著笑容，背影卻莫名的寂寞。」

這番話充滿了對男性的愛與尊敬。當然，有些男性會抱怨，也有許多女性堅忍不拔，從不抱怨或洩氣。然而，相較於女性，男性似乎背負著不同的孤獨感。

雖然現在的風潮逐漸淡去，但男性在童年時期多半崇拜面對敵人會變身的英雄，或知名運動選手，從小就受到周遭的洗腦：「男生不可以哭，要堅強」、「男人要擔起家計」、「男人得養家」。

如同女性無法擺脫「可愛比較好」的偏見，男性也有自己的束縛。因此，相較於女性，希望自己能幹、在意世間評價的男性似乎更多。「既然是男人就該……」的價值觀是男性的美學，也是努力的動力。然而，全心全意奉獻給工作，投入升遷的競爭，結果退休後無事可做，於是感到垂頭喪氣……或許是因為害怕面對內心的孤獨，才會埋首於工作。

**在變成工作狂之前，應該在孤獨中思考「自己究竟想做什麼」，這樣才能找到不會後悔的生活方式**。

另一方面，認為能幹的上司和受歡迎的男人「必定堅強」也是一種誤解。在這個時代，敞開心扉，顯現脆弱的一面主動求助，並無不妥。下屬與女性肯定都願意伸出援手。大家不妨摸索自己的生活方式，打造「新的男性美學」。

# 96

# 家人的期待可能造成深刻的孤獨

——要是覺得「放不下，可是靠近又發火」，不妨稍微保持距離。

無論是親子還是夫妻，總會有「明明在一起，卻不知道對方在想什麼？」的孤獨時刻。

有位女子在丈夫退休之後，仍然每天規律地煮三餐，晚餐一定在六點半準時上桌。兩人在固定時間坐上餐桌，彼此默默無言，配著電視吃飯。女方覺得男方好歹該說聲謝謝，而男方似乎覺得太太總是臭臉又冷漠，連做家事都心不甘情不願。經過一年壓抑苦悶的生活，男方最終默默離開了家。

我想這對夫妻不僅一年，而是長年以來，都未曾對彼此敞開心房，進行良好的對話。因此，他們越來越疏離，怨恨也逐年積累。女方最後也情緒性地表示「連丈夫的臉都不想看到」。

以為「為人父母都了解自己的孩子」、「夫妻不需要多說，在一起就好」是大錯特錯。其實越來越多的家庭因為忙碌，無法全家同時用餐，自然缺乏對話。即使不是特別的日子，光是在餐桌上聊聊今天發生的事和感想，也應能發現許多未知的事情。

不過，**比起談話的內容，更重要的是面對對方的心態**。

反之，親子關係若過於緊密，也可能會導致「過度干涉」的情況。

舉例來說，子女將父母視為朋友，開誠布公地商量工作與戀愛的煩惱，父母卻以「擔心子女失敗」、「只有爸媽才會老實告訴你」等理由而進行干涉。子女無法回應父母的期盼，因而感到煩躁不安。彼此難以保持適度的「距離」而越來越不能理解對方。

「希望子女（父母）振作」、「兄弟姐妹應該互相幫忙」等期待與依賴，往往是引發爭執的元兇。**肯定與尊重對方，保持不依賴的物理與心理距離，才是建立健康關係的關鍵。**

# 97

# 無法承受寂寞時該如何是好？

——前提是「人類都有脆弱的時候」，累了時記得求助。

即便是平時覺得「一個人比較輕鬆」的人，在遇到緊急情況時，也可能感到無法獨自承擔。部分被稱為「孤獨強者」的人，認為「無論多麼艱辛，都能獨自承受，而且這樣才能變得更強」，但大家不應輕易相信這種少數派的做法。

**「人類也有脆弱的時候」，當真的無法應對時，請向外求助。**當陷入孤獨的深淵時，光是有人陪伴便能帶來許多安慰。

有一位女性因丈夫自殺而陷入罪惡感、不安與孤獨，甚至想要追隨對方而去。在這時，她偶然認識了一位同樣失去家人的女子，向對方傾訴以抒發內心的痛苦。**「原來不是只有我一個人，還有其他人有相同的遭遇」**

**這一點撫慰了她的心靈**。

成癮症、特定疾病或家暴受害者所組成的自助團體，讓有相似經歷的人分享心得與資訊，藉此獲得解決問題的線索或一線希望。

此外，與重要的對象或寵物分離、生病，或者遭遇失敗、失戀、失業等情況，往往會讓人陷入深刻的悲傷。這時，不是「我不能垂頭喪氣」，而是接受自己可以「垂頭喪氣」，然後再慢慢振作起來。此時可以向身邊的人傾訴——傾訴對於他人而言也是提供敞開心房的機會。

即使沒有遇上什麼特別的事情，工作繁忙時也常會感到「莫名的孤獨」或「無法言喻的寂寞」。**希望大家在走到這一步之前，平時就建立起一些能撫慰心靈的方法**。

與人聊天也好，若症狀輕微，試試看書。文豪們早已經體驗過我們所經歷的孤獨與悲傷，並且對此進行了深入的討論。孤獨的時光中，接觸充滿智慧與感性敏銳的作家，亦是撫慰自己的方式之一。

# 98

## 珍惜一同抵抗孤獨的人

——有人支持自己，就能夠消弭孤單。

在二〇二二年為過世的英國女王所製作的特別節目中，一位親信接受訪問時談到：女王在世時，王室曾遭到批判，她成為眾矢之的……

「女王無論何時都不會流露情緒，總是默默忍耐，自行消化吸收。」

君王必須忍受高處不勝寒的孤獨，因此從小便學習「帝王學」。不能隨意流露情緒便是帝王學的一部分，理由是不能讓他人從表情揣測想法。

「帝王學三原則」還指出了協助自己的三種人。這三種人分別是教導原則的導師、直言不諱的朋友與給予忠告的部下。關鍵在於由部下給予比「直言」更為嚴厲的「忠告」——想必是因為不擺架子，謙虛聆聽批判的心態十分重要吧！

居上位者或許正因有這些人協助，才能盡到自己的責任。

頂尖的運動選手，同樣有著外人難以想像的孤獨，然而他們接受訪問時卻總是把「多虧大家為我加油……」掛在嘴邊。這應該是因為他們感受到自己之所以能有今天，都是受到大家的鼓勵與支持。比起為了自己，人們更能為那些會替自己高興的人而努力。

凡事都認為是「自己獨自努力的成果」的人，往往會變得越來越傲慢，最終遇上挫折時大家也會遠離他。

即便不是君王或頂尖運動選手，**但凡「想要成為更好的人」、「想要過更好的日子」的人，都需要支持自己的力量**。

時時不忘感恩的心。即使身邊沒有尊敬的對象，仍然可以想像「如果是我尊敬的那個人，他會怎麼做呢？」或是問問後輩：「你覺得怎麼樣？」光是有人在遠方凝視自己，與自己分享喜悅，便是一種鼓舞。如果能將周遭的支持轉化為自己的力量，想必會是最強大的後援。

# 99

# 喜歡上別人一定會感到孤獨

## ——成年人的戀愛因懂得如何自己消化，因此懂得尊重自己與對方。

人的內心總有「想戀愛」的一面。然而，戀愛總會伴隨孤獨、不安、憤怒與悲傷等痛苦。

沒有對象時，面臨的是「一個人好寂寞」的孤獨。

沒有自信時，面臨的是「我不受歡迎」的孤獨。

有了喜歡的人時，面臨的是「對方不願意看我一眼」的孤獨。

交往之後，面臨的是「沒辦法常常見面」或「對方沒有那麼喜歡我」的孤獨。

感覺快要分手時，面臨的則是「不想被拋棄」、「不願自己一個人」的孤獨……

談戀愛根本是一連串的嘆息與眼淚。有人因害怕受傷，甚至會欺騙自己：「我不需要談戀愛」、「我也沒那麼喜歡對方」，認為若不談戀愛，就不會受到戀愛的苦苦折磨。

然而，這樣的人生也會感到寂寞與空虛。

倘若想要升級為成熟的成人戀愛，不妨嘗試接受戀愛可能有的痛苦與孤獨——受戀愛所苦也是一種誠實以對。

談戀愛時習慣依賴對方，容易將自己的要求與情感強加於對方，而導致彼此傷害。想要對方照自己的心意行動，或是過度順從對方；當對方無法回應期待時，愛情便轉變為憎惡……大家差不多都是從這種幼稚的戀愛中畢業的吧！

真正的成年人具備寬容的心靈，懂得輕鬆表達自己的心意，尊重對方，不會過度要求。掌握著能接納對方向自己撒嬌的距離，目標是彼此都能面帶微笑的關係。

最近，我遇到一位銀髮族女士，她表示「光是有單戀的對象，每天都很快樂」。原本「喜歡一個人」便是一件幸福的事，**戀愛能帶來活力，讓人變得更有魅力**。

這世上有各式各樣的愛戀，大家不要因為害怕而放棄談戀愛，應該好好享受戀愛的美好。

# 100

## 愛不了自己的人，也愛不了他人

——能為自己帶來幸福的人，才能給予他人愛，也受他人所愛。

「自愛」不是自戀，也不是送給自己昂貴的禮物、打扮華麗或是寬以待己。

我認為自愛是讓自己幸福。自由自在地做想做的事，不勉強自己做不想做的事。即使獨自一人，也能為自己找樂子，撫慰自己，振作精神。能夠做到「愛，自給自足」，代表懂得如何肯定自己，因此能包容他人原本的模樣。

不愛自己的人，渴望從別人身上獲得愛。心力放在「想被愛」、「希望他人認同」，急於確認他人給予的愛，甚至想要改變對方的個性，或是勉強自己配合對方，內心期盼他人讓自己幸福，這樣的焦躁不安其實折磨自己也折磨對方。

懂得如何自立的人不會吝於給予愛情，而且是打從心底付出情感。也因為尊重對方，因此不會勉強對方或期待回報。

我身邊也有這樣的朋友。他們了解自己，表裡如一，不需要他人特意配合，因此交往起來格外輕鬆。

**能夠以愛凝視周遭的人，自然也能受到他人所愛。**

自己「付出愛」，愛便會增加。

充滿愛的人，個性開朗，肯定自己的生活方式，並感到自豪。我相信「我有能力讓自己幸福」、「我懂得如何愛自己」的信念，能讓自己身心舒適，帶來愉快的每一天。

# 後記

這一整個星期，我一直窩居家中，沒見半個人，也沒說上半句話——除了每天打電話給在養老院的母親，以免她健忘的程度日益加重。

今天工作終於告一段落，開車去購買食材的路上，順道去附近的加油站。熟悉的女店員笑咪咪地跑過來說：「好久不見！你一個月沒來了吧！」

我回應道：「對啊！最近一直沒開車出門。今天天氣好冷，可別感冒了。」雖然我們只是聊些家常便飯，光是對方記得我便讓人喜悅，心情也因此平和。

人類都有「想獨處」，也想「和他人在一起」的欲求。一個人生活久了，人情味格外令人感動。

本書的「孤獨」主要著眼於內心感受。然而，不可否認的是，有些人「真的不會與人接觸」，「只有在工作上會和人說話」。

這種人的孤獨大致上分為兩種：「自願孤獨」與感覺遭到社會孤立的「非自願孤獨」。

未來應該會有越來越多人陷入「非自願孤獨」。從現在社會現況就可以看到越來越多年輕人無依無靠，例如「生病或遇上緊急狀況沒人幫忙」、「缺乏他人關心」等等。

然而，當我實際接觸「非自願孤獨」的人時，發現他們比起不孤獨的人更願意敞開心靈與他人交流，彼此支援。

孤獨不是沒有朋友。與其空哀嘆「沒人懂我」，不如先試著去聆聽他人傾訴，了解、尊重、感謝、幫助他人，或是朝著同一個目標合作。只要有心，便有很多與他人接觸交流的方式。

我認為未來的時代，支持他人也獲得他人支持，將會從「報恩」的社會轉變為「送恩」的社會。

而這當中，最為強大、最能開拓自己人生的，莫過於承認「人生總是孤獨」與「自己並不完美」的人。

無論是孤獨還是人生，懂得享受的人才是贏家。每個人都該具備享受孤獨的能力，以「獨旅」的心態，享受人生的每一天。

最後，衷心感謝每一位讀者，預祝你的人生旅程美好燦爛。

有川真由美

國家圖書館出版品預行編目(CIP)資料

有人陪很好，一個人也如飴：100則幸福孤獨的美好提案／有川真由美作；陳令嫻譯. -- 初版. -- 臺北市：遠流出版事業股份有限公司, 2025.05

面；　公分

譯自：孤独を楽しむ人、ダメになる人

ISBN 978-626-418-167-9(平裝)

1.CST: 自我實現 2.CST: 生活指導

177.2　　114004042

# 有人陪很好，一個人也如館

## 一百則幸福孤獨的美好提案

孤独を楽しむ人、ダメになる人


作　　者——有川真由美
譯　　者——陳令嫻
中繼譯者——林　茜

主　　編——許玲瑋
脩　　潤——林　茜・Monica
中文校對——魏秋綢
封面設計——謝佳穎
內頁版型——日暖風和
排　　版——立全電腦印前排版有限公司
製　　版——中原造像股份有限公司
印　　刷——中康彩色印刷事業股份有限公司

發 行 人——王榮文
出版發行——遠流出版事業股份有限公司
地　　址——104005 台北市中山北路一段11號13樓
電　　話——（02）2571-0297　　傳　　真——（02）2571-0197
著作權顧問——蕭雄淋律師
遠流博識網 http://www.ylib.com





YLS019
ISBN 978-626-418-167-9
2025年5月25日初版一刷　定價380元